reinhardt

Raphael Wyniger (Hrsg.)

Aus Teufels Küche

25 Köche, 25 Jahre Teufelhof

Friedrich Reinhardt Verlag

Alle Rechte vorbehalten
© 2014 Friedrich Reinhardt Verlag, Basel
Projektleitung: Aline Stölzer und Denise Erb
Gestaltung: Nicolas Zufferey
Fotos: Marcel König
Zeichnungen Teufelchen: Kaspar Fischer
ISBN 978-3-7245-1979-9

www.reinhardt.ch

Inhalt

Liebe Leserinnen und Leser, liebe *Teufelhof*-Freunde

24 Köche zu finden, die bereit waren, zusammen mit Michael Baader ihre liebsten Rezepte herauszubringen, hat sich als recht einfach herausgestellt. Sich auf 25 Köche zu beschränken, um mit ihnen ein spannendes, abwechslungsreiches und individuelles Kochbuch zu gestalten, war die Herausforderung. Mit viel Freude haben wir uns, unter der Projektleitung von Aline Stölzer, daran gemacht, diese 25 Charakterköpfe mit jeweils drei Rezepten in einem Buch zu versammeln. Die Individualität jedes einzelnen Kochs und seiner Küche, seine Herkunft und seine Vorlieben standen dabei im Vordergrund. Entstanden ist eine Hommage an Michael Baader und an den *Teufelhof,* in der die Freude am Essen und am Kochen zelebriert wird. Wir möchten diese Freude mit Ihnen teilen und freuen uns, wenn Sie bei der Lektüre des Buchs inspiriert werden zu kochen und zu geniessen, sowohl zu Hause wie auch im *Teufelhof.*

Raphael Wyniger

25 Jahre Teufelhof

Im Jahr 2014 ist das Gast- und Kulturhaus *Der Teufelhof Basel* 25 Jahre alt geworden. Zum Jubiläum ist dieses Buch entstanden, ein spezielles Buch zu einem speziellen Haus mit vielen Facetten und einer wundervollen Geschichte. Es ist eigentlich eine Geschichte, die es gar nicht geben kann, ein modernes Märchen mit einem Happy End. Wobei das glückliche Ende eigentlich kein Ende ist, denn die Geschichte geht ja weiter. Es ist eine Art Asterix und Obelix-Geschichte der Kultur-, Gastro- und Hotelszene. Es ist die Geschichte eines Hauses, das eigentlich praktisch niemand wollte, das viele zu verhindern versuchten und das doch gebaut worden ist. Es ist die Geschichte von zwei – Sie mögen mir das nachsehen – ein bisschen verrückten Visionären, die an eine Idee geglaubt und sie gegen allen Widerstand durchgesetzt haben. Monica und Dominique Thommy-Kneschaurek haben vor über 30 Jahren alles auf eine Karte gesetzt und den grossen Truchsesser-Hof in der Basler Altstadt erworben, um ihr Konzept eines unabhängigen Kulturbetriebs umzusetzen.

Das Konzept sah vor, dass man Kultur, genauer gesagt ein Theater betreibt, dieses aber selbst finanziert. Zum Zweck der Finanzierung sollte Gastronomie und Hotellerie betrieben werden. Nicht irgendeine Gastronomie und Hotellerie, sondern eine mit grossartiger Küche und mit eigenwilligen Hotelzimmern. Dass so eine Idee auf Widerstand stossen würde, haben die Thommys wohl erwartet, dass dieser aber mit einer solchen Kraft kam, hat wohl auch sie überrascht. Die beiden glaubten aber an ihre Vision. Sechs Jahre lang haben sie gekämpft, bis vor das Bundesgericht sind sie gegangen und am Schluss haben sie alles gewonnen. Gegen den Widerstand vieler Nachbarn, vieler Restaurants und gar gegen den Widerstand des lokalen Wirteverbands haben sie sich durchgesetzt.

Am 28. April 1989 wurde aus der Vision Realität und im *Teufelhof* fand das erste Bankett statt. Monica und Dominique Thommy-Kneschaurek hatten es aber nicht nur verstanden, Visionen zu entwickeln und umzusetzen. Sie haben es auch geschafft, grossartige Menschen für ihre Ideen zu begeistern. So sind Fredy Heller als ein Mann der ersten Stunde und langjähriger Theaterdirektor, Hans Pösinger als Architekt des heutigen Hauses, Alex Fischer als der Anwalt, der die Kämpfe gewonnen hat, Yves Herzog als langjähriger Bar-Chef und natürlich Michael Baader als treuer Küchenchef und Aschi Zahnd als zweiter Küchenchef mit dafür verantwortlich, dass der *Teufelhof* überhaupt zu stehen gekommen ist und heute noch steht.

Michael Baader notabene ist seit Anbeginn im Haus und sorgt als brillanter Küchenchef täglich dafür, dass die *Teufelhof*-Geschichte weitergeht.

Die ersten Jahre verliefen erfolgreich, man ging in den *Teufelhof*. Nach rund vier Jahren wuchs das Haus sogar noch und das *Galeriehotel* in der Nachbarliegenschaft wurde eröffnet. Dies war ein wichtiger Meilenstein in der Entwicklung des *Teufelhofs*, hat das Haus doch dadurch eine sinnvolle Grösse erlangt. Aber es gab auch schwierige Zeiten. Zu Anfang der 2000er-Jahre hat der *Teufelhof* zwar viele Preise gewonnen, stand aber beinahe vor dem Aus. Glücklicherweise konnte er sich retten. Dazu beigetragen haben viele Menschen, denen eigentlich viel zu wenig gedankt wird. Es sind die Gäste, die das Haus frequentieren, frequentiert haben und auch weiter frequentieren werden. Sie sind die Träger des *Teufelhofs*, auch heute noch.

Michael Baader, Monica und Dominique Thommy anlässlich der *Teufelhof*-Eröffnung 1989.   Foto: Claude Giger

11

Früh haben die Thommys erkannt, dass sie sich um eine Nachfolge kümmern müssen und sie haben sich für uns entschieden. Für Nathalie Reinhardt und mich, beide Kinder des *Teufelhofs*. Nathalie hat hier im *Teufelhof* über fünf Jahre gearbeitet und zwei Ausbildungen abgeschlossen und ich habe hier schon im Jahr 1998 ein Praktikum im Service absolviert. Schliesslich durften wir dann den *Teufelhof* käuflich erwerben. So führe ich nun seit dem 1. Januar 2009 den *Teufelhof* mit Engagement und viel Freude. Mein grosser Erfolg ist wahrscheinlich, dass ich das Haus nicht sofort an die Wand gefahren habe. Es war wirklich knapp. Im Jahr 2010 war es fünf vor zwölf oder eigentlich schon eine Sekunde vor zwölf. Die Schulden, die ich aufgenommen hatte, um den *Teufelhof* zu einem ordentlichen Preis zu kaufen, drückten schwer, die berüchtigte Finanzkrise schlug zu und die Last war gross. Doch ich habe einen Weg gefunden und heute sind wir erfolgreicher denn je. Das Jahr 2013 war gar ein Rekordjahr. Dass wir

Der *Teufelhof*: links das *Kunsthotel*, auf dem Dach der balancierende Mann von Hubertus von der Goltz, rechts das *Galeriehotel* mit Terrasse und Segel.

dies aus eigener Kraft geschafft haben, macht mich ungemein stolz. Es gibt auch den beiden Visionären Monica und Dominique Thommy wieder recht, die an mich geglaubt und mir das Erbe anvertraut haben.

In den letzten fünf Jahren haben wir den *Teufelhof* in die heutige Zeit gebracht, die Konzepte erneuert, Bestehendes gefestigt und Neues geschaffen. Ich glaube, summa summarum haben wir unsere Sache gut gemacht. Den *Teufelhof* gibt es immer noch – mit seinen Werten, mit seinem Anders-Sein und mit seinem Kulturförderungsansatz. Und es geht ihm sehr gut. In einer Stadt, in der das Hotelgewerbe immer kommerzieller wird, von Hotelketten beherrscht ist und immer mehr auf «Einheitsbrei» setzt, ist das wirklich schön. Da hat das Individuelle plötzlich wieder eine Chance. Und der *Teufelhof* ist individuell, auch heute noch.

Und individuell sind wir. So bezeichnet sich der *Teufelhof* Basel im Untertitel als «Gast- und Kulturhaus». Damit wird zum Ausdruck gebracht, was uns im täglichen Arbeiten prägt: Es ist die Kultur. Sie ist ein wesentlicher Bestandteil unseres Alltags und wird mit einem substanziellen Beitrag aus unserem Budget gefördert. Der *Teufelhof* ist zu 100 Prozent in privatem Besitz und keiner Kette oder Vereinigung angeschlossen. Er finanziert sich selbst und dies, ohne nur kommerziell zu sein. Die nicht mehr ganz alltägliche Struktur als privat geführtes Stadthotel erlaubt es uns auch, einen individuelleren Ansatz zu wählen und den Gast bei all unseren Arbeiten in den Mittelpunkt zu stellen. Wir tun dies gerne und freuen uns auch deshalb sehr über das 25-Jahr-Jubiläum. Denn wenn man diese 25 Jahre *Teufelhof* mal aus der Gästesicht betrachten würde, wäre es bestimmt spannend zu überlegen, wie viele Tränen da vergossen, wie viele Hochzeitsanträge gestellt worden sind, wie viele Kinder gezeugt wurden, wie viele Menschen sich hier gefunden haben, wie viel Wein getrunken wurde (ich schätze 423 728 Flaschen), wie viele Male sich ein Koch in den Finger geschnitten hat, wie viele Schreibfehler gemacht worden sind, wie viele Male «Mann und Frau» sich gefreut, gelacht, gestrahlt haben und wie viele Male die Menschen einfach nur froh waren, dass sie hier sein dürfen, in diesem schönen Haus.

Der *Teufelhof* ist so betrachtet eigentlich nicht ein Konzept, sondern er ist die Summe all dieser Geschichten, die das Haus heute zu dem machen, was es immer noch ist: ein spezieller Ort, den es so eigentlich nicht geben kann, den es aber halt doch gibt. Er ist nicht perfekt, dieser Ort, sondern einfach gut. Und er hat Kraft, eine positive Kraft, die er mit seinen Gästen teilt und von ihnen zurückerhält. Ein Kraftort für sehr viele, für geschätzte 10 525 021 Gäste. Vielleicht auch mehr, sicherlich nicht weniger. So wünschte ich mir manchmal, dass die Wände zu mir sprechen oder dass die Kronleuchter in der Bar mir erzählen könnten, was sie bereits alles erlebt haben. Ich glaube, es würde die spannendste Geschichte meines Lebens werden. Denn das Leben schreibt ja immer noch die besten Geschichten und der *Teufelhof* ist so ein Geschichtenort. Von vielen Gästen und von Freunden des *Teufelhofs*, von Menschen also, die dem Haus verbunden sind und es prägen, werden diese Geschichten auch in die Welt hinausgetragen, so ganz nach dem Motto: Wir sind auch Teufelhöfler, Teufel oder Freunde des Teufels – wie komisch sich das auch anhören mag. Jemand hat mir einmal erzählt, er sei in Kalifornien an der Uni gewesen und dort habe der Dozent ungefragt gemeint: «The best place I have ever eaten at on earth was the *Teufelhof* in Basel.» Das ist doch eine Geschichte! Also bis bald einmal, gerne auch im *Teufelhof*.

Raphael Wyniger

Der Teufelhof Basel

Der *Teufelhof* Basel ist eine einzigartige Welt, in der Gastronomie, Hotellerie und Kultur eine Einheit bilden. Er liegt mitten in der Basler Altstadt in zwei zusammengelegten historischen Stadthäusern aus dem 18. Jahrhundert. Grosse Teile der Gebäude gehen bis auf das 13. Jahrhundert zurück. Die historischen Gemäuer geben dem *Teufelhof* zusammen mit dem modernen Interieur, mit der einzigartigen Kombination von Historisch und Neu, einen besonderen Charme.

Es gibt im Haus zwei Restaurants, das Gourmetrestaurant *Bel Etage* und das Restaurant *Atelier*. Abgerundet wird das lukullische Angebot mit der *Kaffee & Bar Teufelhof* und dem Weinladen *falstaff*, der eingebettet ist in die historischen Basler Stadtmauern aus dem 11. und 13. Jahrhundert. Der *Teufelhof* ist überdies ein einzigartiges Hotel mit 33 Räumlichkeiten von jeweils ganz besonderem Charakter. Die Räume befinden sich zum Teil im historischen Gebäude, das wir *Kunsthotel* nennen, zum Teil im moderneren Teil des Hauses, dem *Galeriehotel*. Dazu kommt das Kulturangebot des *Teufelhofs* mit dem klassisch verspielten Theater und diversen Kunstwerken, die im und um das Haus herum bestaunt werden können.

So wollen wir im *Teufelhof* nicht zuletzt auch Vermittler sein: Theaterbesucher sollen auf die Esskultur und auf die bildende Kunst aufmerksam werden, Gourmets möchten wir auf die Theaterarbeit, die Kunstzimmer und Ausstellungen neugierig machen und wer Kunstinstallationen bewundert, soll auch die Koch- und die Bühnenkunst schätzen lernen. Der Gast soll bei uns Partner sein, Partner auf einer Entdeckungsreise durch die Gourmet-, die Theater- und die Kunstwelt. Unsere Konzepte werden nachfolgend im Detail vorgestellt.

Kunsthotel

Das *Kunsthotel* verfügt über acht Zimmer und eine Suite, die alle als bewohnbare Kunstwerke eingerichtet sind. Bis auf die Suite sind alle Zimmer mit zwei separaten Betten ausgestattet. In regelmässigen Abständen werden die Zimmer neu gestaltet. Dabei sollen die Gäste des *Teufelhofs* nicht nur die künstlerische Atmosphäre geniessen, sondern sich auch individuell untergebracht fühlen. Die Idee ist, und das ist eigentlich das Revolutionäre daran, dass die Gäste in der Kunst wohnen und nicht nur, wie sonst üblich, Kunst in den Zimmern haben. Ein Wortspiel, welches in der Umsetzung aber eine grosse Bedeutung hat.

Galeriehotel

Der ganze Gebäudekomplex des *Galeriehotels* dient als Ausstellungsraum. Dieser kann mal einer einzelnen Künstlerpersönlichkeit zur Verfügung stehen, mal auf drei Künstlerinnen und Künstler aufgeteilt werden. So ist es dank der Ausstellungsfläche über drei Etagen möglich, sowohl umfassende Werkschauen als auch interessante Gegenüberstellungen zu präsentieren. Bei dem jährlich stattfindenden Wechsel erhält jedes Zimmer jeweils eine neue künstlerische Note. Das *Galeriehotel* ist, wie auch das *Kunsthotel*, mit Designermöbeln eingerichtet. Es verfügt über zwanzig Zimmer, drei Suiten und eine Junior-Suite.

Theater

Kabarett-Vorstellungen und satirische Programme im weiteren Sinne bilden den roten Faden in der Spielplanstruktur des Theaters. Die Förderung regionaler Einzelkünstlerinnen und -künstler und Gruppen nimmt – von der Probenbegleitung im hauseigenen Theater bis zur Uraufführung – in der Spielplangestaltung ebenfalls einen wichtigen Platz ein. Darüber hinaus sorgen Schwerpunktprogramme, einmalige und aktuelle Veranstaltungen sowie theatralische und musikalische Aufführungen für eine vielseitige, wirklich unterhaltende Programmmischung. Vorzugsweise sind die Veranstaltungen Programme von Künstlerinnen und Künstlern, die ihre Stücke selber schreiben.

Kaffee & Bar Teufelhof

Kaffee und Bar sind in zwei vertraulich wirkenden, historischen Räumen mit Kristallleuchter und Marmortischen untergebracht. Die Bar wurde mehrfach ausgezeichnet und wird zu den angesagtesten Bars in Basel gezählt. Die Atmosphäre erinnert an Paris St-Germain, das Angebot umfasst eine grosse Weinkarte, ein tolles Whisky-Angebot sowie eine umfangreiche Auswahl an Kaffees.

Weinladen *falstaff*

Die Suche nach aussergewöhnlichen Weinen und Produkten für unsere Küche hat viel zum Renommee des *Teufelhofs* beigetragen. Damit die Gäste des *Teufelhofs* auch im Privatgebrauch von unseren Funden profitieren können, wurde in den historischen Stadtmauern ein Weinladen eingerichtet, in dem auch hausgemachte *Teufelhof*-Spezialitäten erhältlich sind. Über 450 Weine sind im Angebot, dabei etliche Trouvaillen. Der *falstaff* ist ein Geheimtipp für alle Weingeniesser!

Saal *Shine und Dine*

Der Saal *Shine und Dine* wurde 2009 neu eingerichtet. Er ist für alle Arten von Seminaren, Tagungen oder Sitzungen hervorragend geeignet. Auch Mittag- oder Abendessen sind für bis zu 65 Personen in einem behaglichen und schönen Rahmen möglich. Seinen Namen erhielt dieser Sitzungsraum dank des grosszügigen Tageslichts.

Der archäologische Keller

Im «Bauch» des *Teufelhofs* ist ein Schatz verborgen, welcher so in Basel und auch in der Schweiz nirgends zu sehen ist. Im umfangreichen Gebäudekomplex gibt es einen archäologischen Keller, der eine Vorzeigestation ist für die Vermittlung historischer Bausubstanz in Basel. Besichtigt werden können die alten Basler Stadtmauern aus dem 11. und 13. Jahrhundert. Ein spannend-verwinkelter Rundgang führt zwischen den zwei mittelalterlichen Stadtmauern hindurch und bei beiden sind je ein rechteckiger und halbrunder Turm beziehungsweise deren Fundamente erhalten. Funde aus den verschiedenen Jahrhunderten sind in Vitrinen ausgestellt. So ist die Geschichte der Stadt live vor Ort und jederzeit zugänglich.

Gourmet-Restaurant *Bel Etage*

Das Gourmet-Restaurant *Bel Etage* mit dem intimen Saloncharakter im ersten Stock des *Kunsthotels* ist dem Sich-Verwöhnen gewidmet. Es ist in vier ineinander übergehenden, historischen Räumen aus dem 18. Jahrhundert eingerichtet und bietet ein täglich wechselndes Angebot mit A-la-carte-Gerichten und verschieden grossen Menüs. Über Mittag wird zudem ein Business-Lunch angeboten. Zu jedem Gericht wird der passende Wein glasweise oder als Weinset mit dem Menü kombiniert serviert. Das Restaurant fokussiert, unter der Ägide von Küchenchef Michael Baader, auf eine authentische Produkte-Küche auf höchstem Niveau.

Restaurant *Atelier*

Unter dem Kunst- und Galeriegedanken des Teufelhofs steht auch das Restaurant *Atelier*. Das Wort «Atelier» stammt aus dem Französischen und steht für «Werkstatt», für den Arbeitsort eines kreativen Menschen. Wer als Gast Einblick in ein gastronomisches Atelier bekommt, blickt in den Küchen- und Servicealltag hinein. Die Gäste erwartet im Restaurant *Atelier* eine moderne Weltküche mit überwiegend schweizerischen und regionalen Produkten. Diese beziehen wir von persönlich bekannten Lieferanten und Produzenten. Dabei steht das Handwerk im Vordergrund, denn alles wird selbst hergestellt und ist hausgemacht. Die klassische Menüfolge aus dem 13. Jahrhundert haben wir abgeschafft: In der *Atelier*-Menü-Werkstatt kann der Gast aus der gesamten Karte sein Menü selbst zusammenstellen. Eine Spezialität des *Ateliers* ist das Kalbskotelette von der Arlesheimer Metzgerei Jenzer. Weiter wird ein Fokus auf den Wein gelegt. Die *Atelier*-Weinkarte umfasst rund 450 Positionen. Im Zentrum stehen europäische Weine.

25 Köche

Ich habe auf meinem Lebensweg wenige so gute Menschen kennengelernt, wie Michael Baader einer ist. Ihm ist auch dieses Buch gewidmet, das nur dank ihm entstanden ist. Um Michael Baader zu beschreiben, könnte man es sich eigentlich einfach machen und bei seinen grossartigen Kochkünsten anfangen. Doch das wäre zu einfach. Denn Michael ist mehr als ein guter, ja grossartiger Koch. Er ist vor allem ein toller und guter Mensch und das ist für uns noch wertvoller. Wer ihn kennt, weiss, dass er es immer gut meint, und wer mit ihm gearbeitet hat, weiss, wie fair und grosszügig, wie offen und herzlich, wie selbstlos und engagiert er ist. Ein grossartiger Koch mit einem grossen Herzen. Er ist sehr bescheiden und doch stolz, ein toller Mann und ein guter Freund. Noch nie habe ich jemanden getroffen, der etwas anderes gesagt hätte. Es ist mir eine grosse Ehre, mit ihm zusammenarbeiten zu dürfen und ihn so gut kennengelernt zu haben. Und natürlich: Michael ist ein fantastischer und leidenschaftlicher Koch. Er selbst sagt, dass das Kochen ihm eigentlich alles bedeutet. Und ich finde, das merkt man jeden Tag, insbesondere auch als Gast in *Teufels Küche.*

Raphael Wyniger

Michael Baader

In *Teufels Küche* seit Januar 1989

Ganz knapp umschrieben besteht meine Küchenphilosophie in der Verarbeitung von Lebensmitteln im ursprünglichen Zustand, ohne viel Schnickschnack. Es geht darum, dem Essen Anreiz und Glanz zu verleihen und es dabei so natürlich zu belassen, wie es geht.

Seit 1973, seit meiner Lehre im Schwarzwald, bin ich in der Küche tätig. Das Kochen bedeutet mir eigentlich alles. Es ist ein vielseitiger Beruf und es ist nie langweilig. Jedes Produkt ist anders, jedes Stück Fleisch unterscheidet sich vom anderen, weil auch jedes Tier ein bisschen anders ist. Dafür braucht man viel Verständnis und es macht viel Freude, diese Erfahrung über die Jahre hinweg zu gewinnen. Mir war es immer sehr wichtig, mich selber zu entwickeln. Ich habe mir nie selbst Kochbücher gekauft, sondern ging lieber in Restaurants essen. Es hat mich interessiert, wie andere Köche sich in ihrem Essen verwirklichen. Ich fragte mich, ob es möglich sei, den Menschen aus dem Essen herauszuschmecken. Oder ob das Essen zwar toll gekocht war, aber auch aus einem anderen Haus hätte kommen können.

Früher lief es im Küchenbetrieb grundsätzlich so, dass der Küchenchef vorgab, was gekocht wurde. Das ist bei mir heute nicht mehr so. Ich beziehe alle mit ein und möchte jedem das Gefühl geben, etwas zum Gesamtwerk beigetragen zu haben. Es ist nicht meine Küche, sondern die Küche vom Team im *Teufelhof*, welche von mir begleitet wird und sich in einer gewissen Bahn bewegt. Was mich von anderen Köchen unterscheidet, ist zum Beispiel, wie ich eine Sauce oder einen Jus koche. Ich wünsche mir, dass man durch die Art, wie ich koche und wie ich jedes Produkt behandle, beim Essen des Gerichts den *Teufelhof*-Kochstil erkennen kann.

Seit 25 Jahren stehe ich jetzt im *Teufelhof* in der Küche, aber die Routine beschränkt sich eigentlich nur auf mein handwerkliches und organisatorisches Können. Meine jungen Teamkollegen halten mich wach mit all ihren mitgebrachten Einflüssen, arbeitstechnischen und geschmacklichen Fragen, Anregungen und auch mit zwischenmenschlichen Angelegenheiten. Für den Traum vieler Köche vom eigenen Restaurant mit 30 Plätzen hatte ich früher nie die wirtschaftlichen Mittel gehabt. Heute bin ich nun seit einem Vierteljahrhundert in einem partnerschaftlichen, selbstständigen Angestelltenverhältnis und fühle mich sehr wohl dabei. Einem Lehrling oder einem jungen Koch rate ich, nicht nur darauf aus zu sein, in möglichst vielen Sternerestaurants zu arbeiten. Weniger ist oft mehr und dabei ist die Möglichkeit, sich selber zu finden, grösser. Ein guter Koch entwickelt sich von innen heraus. Wie in allen Berufen sind Einsatz und Konzentration mit das Wichtigste und auch, sich rege daran zu beteiligen, dass eine gute Stimmung in der Küche herrscht. Eine angenehme Atmosphäre ist mir neben Sauberkeit besonders wichtig am Arbeitsplatz. Wir achten im *Teufelhof* sehr darauf, dass die Zutaten in unserer Küche möglichst aus der Region stammen. Den Jahreszeiten angepasst beziehen wir sehr viel Obst und Gemüse von Bauern im Umland. Genauso legen wir Wert darauf, einen grossen Teil des Fleisches aus dem Baselbiet und dem Aargau zu beziehen, meistens SwissPrim und Bio-Qualität. Lebensmittel aus nachhaltiger Produktion hatten bei uns schon immer einen hohen Stellenwert. Durch den monatlichen Wechsel unserer Speisekarten und die ständig neuorientierten Gerichte, die auch bei wiederkehrender Jahreszeit selten gleich sind, ist es schwierig zu sagen, welches Gericht bei unseren Gästen ein «Renner» ist. Wir sind froh, dass die Gäste die Experimentierfreude meiner Köche gerne annehmen. Mein Bestreben lag immer darin, aus meinen Kenntnissen der klassischen französischen Küche und der deutschen Küche leichte, bekömmliche und gleichermassen geschmackvolle Gerichte zu machen. Daneben habe ich auch die Reize der asiatischen Küche kennengelernt, die ab und zu auf unserer Speisekarte mit einfliessen. Ob asiatisch, mediterran oder französisch: Wir versuchen, eine Brücke zwischen den verschiedenen Küchen zu schaffen und diese harmonisch in Einklang zu bringen. Aus den letzten Jahren besonders in Erinnerung geblieben ist mir, dass meine Frau sich beruflich umorientiert hat und vor Kurzem eine Lehre als Aktivierungsfachfrau erfolgreich abschliessen konnte. Mein Sohn Jascha liess mich intensiv an den Freuden und Schwierigkeiten des Erwachsenwerdens teilnehmen und ich wünsche ihm, dass er beruflich etwas findet, das ihm genauso viel Freude und Erfüllung bringen wird wie mir das Kochen. Mich beschäftigen auch die Krisenereignisse aus den letzten Jahren, zum Beispiel in Libyen und im nahen Osten. Was mich zudem noch beschäftigt, ist die Weltwirtschaftskrise, die Frage, was auf uns zukommt und die Hoffnung, dass wir in unserem kleinen *Teufelhof* weiterhin gut leben können.

Carpaccio vom Baselbieter Kalbsfilet mit Périgord-Trüffel

—

Rentierrücken mit Sanddornjus und Birnen-Semmelplätzchen

—

Miéral Perlhuhnbrust mit Rohessspeck, Trüffel und Krautravioli

Carpaccio vom Baselbieter Kalbsfilet mit Périgord-Trüffel

Rezept für 4 Personen

Kalbsfilet

240 g Baselbieter Kalbsfilet, pariert
Salz, Pfeffer aus der Mühle

Vinaigrette

4 cl kräftige Bouillon (Rind oder Kalb)
1 cl Sherryessig
1 cl Walnussöl
3 cl Olivenöl, kalt gepresst
20 g Pinienkerne, geröstet
Salz, Pfeffer aus der Mühle

Für die Garnitur:
40 g Périgord-Trüffel, gewaschen
40 g Parmesan, blättrig gehobelt
20 g Pinienkerne, geröstet
60 g Parmesan, gerieben
60 g Rucola

Kalbsfilet

Das Kalbsfilet in dünne Scheiben schneiden, vorsichtig plattieren, fächerartig auf die Teller legen und mit Salz und Pfeffer würzen.

Vinaigrette

Für die Vinaigrette die Pinienkerne fein hacken und mit den übrigen Zutaten gut verrühren. Mit Salz und Pfeffer abschmecken.

Die Vinaigrette grosszügig über das Kalbsfilet geben. Den blättrig gehobelten Parmesan, die Pinienkerne und den Rucola darauf verteilen. Nun den Périgord-Trüffel hauchdünn darüberhobeln.

Den geriebenen Parmesan dünn auf ein mit Papier ausgelegtes Backblech streuen. Im vorgeheizten Backofen bei 170 °C goldgelb backen, danach abkühlen lassen, in Stücke brechen und dazureichen.

Rentierrücken mit Sanddornjus und Birnen-Semmelplätzchen

Rezept für 4 Personen

Rentierrücken

400 g Rentierrücken, pariert

40 g Butaris (Butterfett)

20 g frische Butter

Salz, Pfeffer aus der Mühle

Sanddornjus

1 kg Rentierknochen und -abschnitte

60 g geklärte Butter

400 g gewürfeltes Röstgemüse

(aus 250 g Zwiebeln, 100 g Karotten,

50 g Sellerieknolle)

1 EL Tomatenmark

200 ml Pinot Noir

1 l Rentierfond (alternativ dazu Kalb-
oder Rinderbouillon)

1 cl Armagnac

4 cl roter Portwein

2 cl Sherry Cream

5 Wacholderbeeren, zerdrückt

1 Nelke

½ Lorbeerblatt

5 Pimentkörner

1 Sternanissegment

2 cl Sanddornmark, leicht gesüsst

Birnen-Semmelplätzchen

100 g Stangenweissbrot ohne Rinde

100 ml Rahm

1 Birne

3 cl Läuterzucker

3 cl Williams

Zitronensaft

1 EL Quark

3 Eigelb

10 g Blattpetersilie, in Streifen
geschnitten

Salz, Muskat

40 g Butaris (Butterfett)

Rosenkohlblättchen zum Garnieren

Rentierrücken

Den Rentierrücken in 4 gleich lange Stücke schneiden und mit Salz und Pfeffer würzen. In einer heissen Pfanne mit Butaris auf beiden Seiten kurz anbraten und im heissen Ofen bei 170 °C rosa weiterbraten. Nach 3–4 Minuten Bratzeit die frische Butter zugeben. Nochmals wenden und für 1–2 Minuten in den Ofen zurückschieben. Danach an einem warmen Ort 3–5 Minuten ruhen lassen. Den Rentierrücken der Länge nach aufschneiden, dabei den austretenden Fleischsaft in die Sauce geben. Sofort anrichten und servieren.

Sanddornjus

Die Knochen hacken und im Ofen mit den Abschnitten in geklärter Butter anbraten, bis die Knochen ringsherum braun sind. Das Röstgemüse dazugeben und ebenfalls anbraten. Das Tomatenmark unterrühren und abrösten. Mit dem Pinot Noir ablöschen, einkochen, nun mit 200 ml Rentierfond ablöschen und wieder einkochen. Armagnac, Portwein, Sherry und alle Gewürze dazugeben. Mit dem restlichen Rentierfond auffüllen und bei mittlerer Hitze 90 Minuten köcheln lassen. Den Jus durch ein Tuch passieren und auf 100 ml einkochen. Eventuell mit etwas Weizenstärke binden, abschmecken und vor dem Servieren das Sanddornmark in den Jus geben.

Birnen-Semmelplätzchen

Weissbrot in dünne Scheiben schneiden und mit dem erwärmten Rahm übergiessen. Die Birne waschen, schälen, in kleine Würfel schneiden und in

einer Mischung aus Läuterzucker, Williams und Zitronensaft 15 Minuten
marinieren. Das Weissbrot ausdrücken, mit Quark, Eigelb, Salz, frisch geriebenem Muskat und Blattpetersilie mischen. Eine Probe der Masse in einer
Teflonpfanne mit Butaris anbraten, in den 190 °C heissen Ofen geben und
2 Minuten auf jeder Seite weiterbraten. Sollte die Masse nicht halten, kann
man etwas Mie de pain (entrindetes, geriebenes Weissbrot) dazugeben. Die
Plätzchen ausbacken und servieren.
Als Garnitur eignen sich Rosenkohlblättchen hervorragend.

Miéral Perlhuhnbrust mit Rohessspeck, Trüffel und Krautravioli

Rezept für 4 Personen

Perlhuhn

4 Perlhuhnbrüste mit Flügeln à 110–140g
12 Scheiben Trüffel, 2–3 mm dick
40 g Butaris (Butterfett)
20 g frische Butter
Salz, Pfeffer aus der Mühle

Sauce

500 g Karkassen, Hals und sonstige
Abschnitte vom Perlhuhn
40 g Bratbutter
150 g Zwiebeln, geschält und gewürfelt
50 g Karotten, geschält und gewürfelt
30 g Sellerieknolle, gewürfelt
1 EL Tomatenmark
150 ml Pinot Noir
½ Lorbeerblatt
1 Thymianzweig
1 Rosmarinzweig
2 Wacholderbeeren, zerdrückt
4 Pimentkörner
500 ml brauner Geflügelfond (oder Kalb)
100 ml Rahm
1 cl Sherry Cream
2 cl Trüffelfond
etwas Speisestärke
Salz, Pfeffer aus der Mühle

Krautravioli

Teig:
100 g Mehl
100 g Weizendunst
5 Eigelb

2 cl Olivenöl, kalt gepresst
2 cl Wasser
Salz

Poulardenfarce:
80 g Poulardenbrust, ohne Haut und
Sehne
80 g Rahm
Salz, Pfeffer aus der Mühle
1 EL geschlagener Rahm
60 g Sauerkraut, gut ausgedrückt

Für die Garnitur:
60 g Rohessspeck (luftgetrockneter,
geräucherter Bauchspeck), ohne
Schwarte und Knorpel
60 g Périgord-Trüffel
12 kleine Möhrchen, blanchiert
20 g Butter
Salz, Pfeffer aus der Mühle

Perlhuhn

Bei den Perlhuhnbrüsten von hinten (Flügel) vorsichtig mit dem Finger die Haut von der Brust lösen, damit eine Tasche entsteht. In diese Tasche je nach Grösse der Trüffeln 2–3 Trüffelscheiben hineinschieben und die Haut wieder glatt darüberspannen. Die Trüffelscheiben sollten nicht übereinander liegen. Mit Salz und Pfeffer würzen und in einer Teflonpfanne bei mittlerer Hitze auf der Hautseite anbraten, bis die Haut eine goldgelbe Farbe hat. Dann wenden und im vorgeheizten Backofen bei 170 °C erst 3 Minuten weiterbraten, dann die frische Butter dazugeben und nochmals 3 Minuten fertig braten. Die Perlhuhnbrüste sollten noch leicht rosa sein. Herausnehmen und an einem warmen Ort 5–10 Minuten ruhen lassen. Danach nach Belieben aufschneiden und anrichten.

Sauce

Karkassen, Hals und sonstige Abschnitte in walnussgrosse Stücke hacken und in einem Topf mit Bratbutter hellbraun anbraten. Das gewürfelte Gemüse dazugeben und ebenfalls anbraten. Tomatenmark dazugeben und abrösten. Mit dem Pinot Noir ablöschen, einkochen und dann mit 100 ml Geflügelfond erneut ablöschen. Wieder einkochen und die Gewürze dazugeben. Mit dem restlichen Geflügelfond auffüllen und bei mittlerer Hitze 30 Minuten köcheln lassen. Danach passieren, entfetten und auf 100 ml reduzieren. Nun den Rahm, Sherry und Trüffelfond dazugeben und nochmals um ein Drittel einkochen.

Krautravioli

Für den Nudelteig alle Zutaten in eine Schüssel geben und zu einem zähen Teig verkneten. Den Teig in Klarsichtfolie eingepackt ca. 1 Stunde gekühlt ruhen lassen.

Für die Farce die Poulardenbrust in kleinste Würfelchen schneiden und gut durchkühlen. Parallel dazu den Rahm in einer Schale im Tiefkühlfach anfrieren (nicht durchfrieren). Poulardenfleisch in die Küchenmaschine geben, mit Salz und Pfeffer würzen und mit dem Rahm zu einer feinen Farce verarbeiten. Sollte die Farce zu fest sein, kann man noch den geschlagenen Rahm darunterziehen. Das ausgedrückte Sauerkraut 1–2 Mal durchschneiden, unter die Farce arbeiten und eventuell nochmals abschmecken.

Aus dem Nudelteig und der Sauerkraut-Poulardenfarce je nach Belieben Ravioli herstellen. Im Salzwasser abkochen, in etwas Olivenöl anschwenken und servieren.

Den Rohessspeck für die Garnitur in dünne Scheiben und dann quer in Streifen von 2 mm Breite schneiden. Speckstreifen kurz in kochendem Wasser blanchieren, gut abtropfen und in einer Teflonpfanne langsam erhitzen, dabei ab und zu schwenken. Da es ein luftgetrockneter Speck ist, tritt nicht allzu viel Fett aus, deswegen sehr achtsam sein.

In der Zwischenzeit den frischen Trüffel in die gleiche Grösse wie den Speck schneiden und zum Speck in die Pfanne geben. Eventuell mit Salz und Pfeffer würzen und noch ca. 2 Minuten mit dem Speck mitbraten. Danach gleich anrichten.

Die blanchierten Möhrchen in der frischen Butter anschwenken und auf die Teller verteilen.

Tranche vom Thunfisch im Orangen-Schnittlauchmantel

—

Lammrücken im Pak-Choi-Mantel mit gebackenen Bataten

—

Rahmsülze von Mango und Mascarpone mit Granatapfelsauce

Markus Brose

In *Teufels Küche* von März 1989 bis April 1990
und von Oktober 1990 bis April 1991

Eines Abends beim Billardspielen in Würzburg fragte mich Michael
Baader, ob ich mit ihm in die Schweiz gehen wolle. Es solle ein neues
Hotel mit Restaurant in Basel eröffnet werden. Er würde dort die Küchenleitung übernehmen und hätte mich gerne in seinem Team. Ich sagte
sofort zu und wir zogen beide aus den *Schweizer Stuben* in Wertheim nach
Basel. Hier durfte ich mit Michael Baader die Anfänge des *Teufelhofs*
gestalten. Ich möchte ihm einmal wirklich für alles danken, was ich dank
ihm erreicht habe. Nach der Zeit im *Teufelhof* arbeitete ich im *Le Roche
Fleurie* in Frankreich, im *Romantik Hotel Résidence* als Sous-chef, hatte
die Küchenleitung der *EON* in Düsseldorf und die Küchen- und Service-
leitung in der *KZV Nordrhein* in Düsseldorf. Von 1997 bis 2002 arbeitete
ich als Foodstylist. Neben meinem Beruf bin ich Familienvater mit zwei
Söhnen, Fussballtrainer einer Haaner Jugendmannschaft und liebe das
Klettern, Bouldern und Laufen. Es macht mir grossen Spass, Menschen
mit einem guten Essen den Tag zu versüssen, meinen Gästen und Freunden neue Variationen zu präsentieren und Bekanntes in einem anderen
Licht erscheinen zu lassen.

Tranche vom Thunfisch im Orangen-Schnittlauchmantel

Rezept für 4 Personen

Thunfisch und gebratener Hokkaido

300 g Thunfisch

1 Orange

1 Bund Schnittlauch

300 g Hokkaido

50 g Butter

Salz, Pfeffer, Knoblauch

Cashewkernen-Vinaigrette

1 Knoblauchzehe

4 cl Olivenöl

2 EL brauner Zucker

40 ml Hühnerbouillon

50 g Cashewkerne, geröstet

90 ml mildes Olivenöl

30 ml weisser Aceto Balsamico

Tomatencoulis

2 Schalotten, geschält und in kleine Würfel geschnitten

Orangensaft

120 g rote Kirschtomaten, gewaschen und halbiert

120 g gelbe Kirschtomaten, gewaschen und halbiert

1 TL Koriander, frisch gehackt

Olivenöl, Salz, Pfeffer

Salatblätter zum Garnieren

Thunfisch und gebratener Hokkaido

Thunfisch in ca. 2 cm dicke Scheiben schneiden. Von der Orange die Schale mit einer Raffel abreiben und zusammen mit fein geschnittenem Schnittlauch vermischen. Den Thunfisch mit Salz und Pfeffer würzen und in der Orangen-Schnittlauch-Mischung wälzen.

Den Kürbis waschen, entkernen und in 5 mm dicke Scheiben schneiden. Mit Salz und Pfeffer würzen und in einer Pfanne bei starker Hitze von beiden Seiten ca. 2 Minuten braten. Dabei mit etwas Knoblauchpüree beträufeln. Den Thunfisch parallel daneben in einer zweiten Pfanne bei mittlerer Hitze in Butter von beiden Seiten ca. 2 Minuten braten.

Cashewkernen-Vinaigrette

Eine geschälte Knoblauchzehe klein hacken und mit den 2 cl Olivenöl mittels Mixstab pürieren. Zucker in einer Pfanne karamellisieren und dann mit Hühnerbouillon ablöschen. Die Pfanne vom Herd nehmen. Cashewkerne, Olivenöl, Aceto Balsamico, Salz und Pfeffer zur Bouillon dazugeben und mit einem Stabmixer mixen.

Tomatencoulis

Schalottenwürfel in Olivenöl anschwitzen, mit Orangensaft ablöschen und reduzieren lassen. Die Kirschtomaten dazugeben. Mit Salz, Pfeffer, braunem Zucker, Knoblauchmasse und Koriander würzen, 1 Minute köcheln lassen und zur Seite stellen.

Den Kürbis auf dem Teller anrichten und mit der Cashewkernen-Vinaigrette beträufeln, den Thunfisch in Scheiben schneiden und als Fächer an den Kürbis legen. Mit dem Tomatencoulis verzieren. Als Garnitur eignen sich Feldsalat oder Rapunzelsalat.

Lammrücken im Pak-Choi-Mantel mit gebackenen Bataten

Rezept für 4 Personen

Lammrücken im Pak-Choi-Mantel

600 g Lammrücken, pariert (Abschnitte aufheben)

100 g Zitronengras, grob geschnitten

100 ml Teriyakisauce

500 g Pak-Choi (oder Mangold)

Salz

Gebackene Bataten

1 Knoblauchzehe

2 cl Olivenöl

500 g Bataten (Süsskartoffeln)

Salz, Pfeffer

Zitronengras-Teriyakisauce

4 Schalotten

mildes Olivenöl

400 ml Lammbouillon (oder Hühnerbouillon)

Salz, Pfeffer

Speisestärke, Butter

Tipp: Die meisten Zutaten bekommt man in einem asiatischen Lebensmittelgeschäft.

Lammrücken im Pak-Choi-Mantel

Das Zitronengras grob schneiden und dann im Mörser oder mit der flachen Seite eines grossen Messers leicht zerdrücken. Den Lammrücken in 4 Stücke à je 150 g schneiden und in der Teriyakisauce und dem Zitronengras 1 Stunde marinieren.

Vom Pak-Choi je nach Grösse 8–12 Blätter waschen. Diese in kochendem Salzwasser blanchieren und danach in kaltem Wasser abschrecken. Den restlichen Pak-Choi waschen, die grünen Blätter von den weissen Stielen trennen und beides separat in feine Streifen schneiden.

Das Lamm aus der Marinade nehmen, mit Salz würzen und auf beiden Seiten kurz anbraten. Dann wird das Lamm in die blanchierten Pak-Choi-Blätter gewickelt und bei 180 °C ca. 10 Minuten im Backofen gebraten.

Gebackene Bataten

Knoblauch schälen, klein hacken, mit Olivenöl mittels eines Mixstabs pürieren. Die Bataten waschen, schälen und in ca. 1 cm dicke Scheiben schneiden. Dann auf einem Backblech verteilen, mit Salz und Pfeffer würzen und mit der Knoblauchmasse leicht beträufeln. Im vorgeheizten Backofen bei 180 °C 20–25 Minuten backen.

Wichtig: Die Zeit für das Lamm mit der Zeit für die Bataten koordinieren.

Zitronengras-Teriyakisauce

Für die Sauce werden die Schalotten geschält und in Würfel geschnitten. In eine Pfanne mit Olivenöl geben und die Schalotten anschwitzen. Dann die Lammbouillon, die Lammabschnitte und das Zitronengras dazugeben und ca. 30 Minuten köcheln lassen.

Zum Schluss nach Geschmack etwas Teriyakisauce hinzugeben, durch ein Sieb passieren und mit in Wasser oder Rotwein angerührter Speisestärke abbinden.

Wenn das Lamm in den Ofen geschoben wurde, die weissen Stiele des Pak-Choi in etwas Butter in einer Pfanne anschwitzen und mit 2 EL Wasser ablöschen. Sobald die Stiele nur noch etwas Biss haben, das Grün des Pak-Choi dazugeben, mit Salz und Pfeffer würzen und ca. 1 Minute weitergaren. In der Zwischenzeit sollten das Lamm und die Bataten fertig gegart sein. Alles portionsweise anrichten und die Sauce dazugeben.

Rahmsülze von Mango und Mascarpone mit Granatapfelsauce

Rezept für 4 Personen

Rahmsülze von Mango und Mascarpone

2 reife Mangos
½ Vanilleschote
etwas Zitronensaft
80 g brauner Zucker
150 g Mascarpone
4 Blätter Gelatine
2 EL Rum oder Grappa
250 ml Rahm, geschlagen

Granatapfelsauce

2 Granatäpfel, grob geschnitten
1–2 EL brauner Zucker
1 Espressolöffel Minze, frisch, in ganz
feine Streifen geschnitten

Rahmsülze von Mango und Mascarpone

Die Mangos schälen und filieren/filetieren. In 24 feine Scheiben schneiden und kalt stellen. Den Rest des Fruchtfleischs mit einem Stabmixer fein pürieren. Die Vanilleschote ausschaben und das Mark mit etwas Zitronensaft, dem braunen Zucker und der Mascarpone gut verrühren.

Die Gelatine in kaltem Wasser 4 Minuten einweichen und danach gut ausdrücken. Rum oder Grappa erhitzen und die Gelatine unterrühren, bis sie ganz aufgelöst ist. Nicht kochen lassen! Ein Viertel der Gelatinen-Rum-Flüssigkeit unter die Mascarponemasse und drei Viertel der Flüssigkeit unter das Mangopüree rühren. Danach den Rahm mit dem Handmixer steif schlagen und ein Drittel davon unter das Mangopüree und zwei Drittel des Rahms unter die Mascarponemasse heben. Nun die Massen schichtweise in eine mit Klarsichtfolie ausgelegte Form füllen und ca. 2 Stunden kalt stellen.

Granatapfelsauce

Granatäpfel halbieren und die Kerne über einer Schüssel mit einem feinen Sieb vorsichtig aus der Schale lösen. Wichtig ist, dass nur die Kerne (ohne die Zwischenwände) im Sieb verbleiben. Danach gut abtropfen lassen. Den Saft und die Kerne beiseite legen. Den braunen Zucker in einem Topf karamellisieren lassen, bis der Zucker geschmolzen ist und etwas bräunlicher wird. Mit drei Viertel des Granatapfelsaftes ablöschen. Sobald der Zucker im Topf aufgelöst ist, den restlichen Saft mit etwas Speisestärke vermengen und zum Abbinden unterrühren, dabei einmal kurz aufkochen. Die Sauce erkalten lassen. Zum Schluss die Minze mit den Granatapfelkernen unter die Sauce geben.

Zum Anrichten die Mango nach Geschmack auf den Tellern verteilen. Die Rahmsülze auf dem Teller drapieren und mit der Sauce verzieren. Eventuell etwas Minze als Garnitur verwenden.

Schwarzwaldforelle mit Randen und Senfkörnerglace

—

Knuspriger Schweinebauch mit Bierjus und Sauerkraut

—

Quittendessert

Frank Oehler

In *Teufels Küche* von September 1990 bis Dezember 1993

Ich bin ein autonomer Allgäuer, Speisemeister und gelernter Fernsehkoch.
1964 geboren, begann ich im Alter von 16 Jahren eine Kochlehre im
Restaurant *Adler* in Rummeltshausen. Anschliessend kochte ich in verschiedenen Betrieben, bis ich zum Team von Dieter Müller im Sterne-
restaurant *Schweizer Stuben* in Wertheim-Bettingen stiess. Dort lernte ich
Michael Baader kennen. Nach dieser Zeit ging ich nach London, wo ich
als stellvertretender Küchenchef bei Anton Mosimann arbeitete. Danach
folgte ich dem Ruf von Michael Baader und kam als stellvertretender Küchenchef zum *Teufelhof*. Nach drei schönen Jahren entschied ich mich zur
Selbstständigkeit und übernahm schliesslich die Speisemeisterei im Stuttgarter *Schloss Hohenheim* als Pächter und Betreiber. Dort erkochte ich mir
den Michelinstern und führte den Betrieb zum Erfolg. Seit Juni 2009
bin ich im Coachingformat *Die Kochprofis* auf RTL II zu sehen.
Ich bin ein sehr humorvoller Bursche, der seinen eigenen Weg geht und
sich gerne an die teuflisch gute Athmosphäre im *Teufelhof* zurückerinnert.
Zum Beispiel daran, wie ich einmal die Ehre hatte, das Mitarbeiteressen
für den Abend zu gestalten. Den ganzen Tag hatte ich allen erzählt, dass
es das beste Rinderfilet der Welt, wenn nicht sogar des Universums geben
würde und auch sonst hatte ich nicht mit Superlativen gespart. Nun ja,
wie es dann passieren musste, habe ich das Rinderfilet zu lange gegart.
Um mein Gesicht noch ein bisschen zu wahren, wollte ich das Filet erst
gar nicht servieren und versuchte, da die Türen schon verschlossen waren,
durch das Küchenfenster zu entkommen. Ich kam zur grossen Stahlgitter-
tür am Eingang und blieb über den spitzen Stahlstäben hängen, als eine
Polizeistreife vorbeikam. Die Mitarbeiter des *Teufelhofs* mussten sich dann
wohl mit einem Tafelspitz begnügen und alle fragten sich, wo ich wohl hin
war. Ich hoffe, dass es trotzdem allen geschmeckt hat und entschuldige
mich nun nach 20 Jahren für das durchgebratene Filet. Michael Baader
hat mir dann im Laufe der Zeit gezeigt, wie man Fleisch richtig brät.

Schwarzwaldforelle mit Randen und Senfkörnerglace

Rezept für 4 Personen

Forellentatar-Sandwich

2 Scheiben weisses Toastbrot
150 g Forellenfilet
10 g Rapsöl
1 Zitrone
¼ Zitronenschale, fein gerieben
¼ Bund Dill
Salz, Zucker

Forellenrolle

3 Forellenfilets
Salz, Zucker
1 Gelatineblatt

Randen-Lack

400 g Randen
1 Schuss Balsamico Bianco
Salz, Zucker

Randen-Apfel-Chutney

2 Randen
200 g Randensaft
100 g Apfelsaft
50 g Zucker
1 Apfel
1 Schuss Balsamico Bianco
etwas Kümmel, Nelke, Pfeffer,
fein gemahlen

Randen-Gel

200 g Randensaft
1 g Agar Agar
1 g Gelan (Bindemittel)
Zimt, Salz, Zucker
30 g Orangensaft
1 Messerspitze Vanillemark

Senfkörnerglace

400 g Milch
100 g Rahm
80 g Zucker
80 g Eigelb
70 g grober Senf

Apfel-Essig-Gelee

1 kg Elstar-Äpfel
1 Messerspitze Ascorbinsäure
0,8 g Gelan (Bindemittel)
1,2 g Agar Agar
30 g Zucker
20 g Apfelessig
3½ Gelatineblätter

Meerrettich-Perlen

200 g Crème fraîche
60 g Rahm
60 g Milch
0,5 g Xanthan
40 g Meerrettich
Salz

Forellentatar-Sandwich

Weisses Toastbrot in 3 mm dicke Scheiben schneiden. Forellenfilets fein würfeln und in eine Schüssel geben. Rapsöl sowie den Saft und Abrieb der Zitrone dazugeben. Dill fein hacken, dazugeben, mit Salz und Zucker abschmecken und alles zu einem Tatar vermischen. Von den Brotscheiben die Rinde wegschneiden. Das Tatar zu einem Würfel formen, unten und oben mit einer Brotscheibe belegen und vor dem Anrichten beidseitig anbraten.

Forellenrolle

Die Forellenfilets mit Salz und Zucker bestreuen. Die Gelatine einweichen, die Filets mit der erwärmten Gelatine bestreichen, aufeinanderlegen und in Klarsichtfolie zu einer Rolle einrollen. Bei 45 °C ca. 25 Minuten im Ofen pochieren und danach kalt stellen. Vor dem Aufschneiden die Rolle in Dill wälzen.

Randen-Lack

Den Randen waschen, entsaften und mit Balsamico, etwas Zucker und Salz in einem Topf zu Sirup einkochen.

Randen-Apfel-Chutney

Den Randen in feine Würfel schneiden. Zucker in einem Topf karamellisieren und mit Randensaft und Apfelsaft ablöschen. Randenwürfel und Balsamico dazugeben und ca. 40 Minuten schmoren. Apfel waschen, schälen, in kleine Würfel schneiden, dazugeben und mit Pfeffer, Kümmel und Nelke abschmecken.

Randen-Gel

Randensaft mit Agar Agar und Gelan in einem Topf aufkochen. Orangensaft, Zimt, Salz, Zucker und Vanille dazugeben. 4 Stunden im Kühlschrank erkalten lassen und dann mit einem Mixer fein pürieren.

Senfkörnerglace

Milch, Rahm, Zucker und Eigelb in einem Topf auf 82 °C erhitzen und zur Rose abziehen. Daraufhin den groben Senf unterziehen und in der Glacemaschine gefrieren.

Apfel-Essig-Gelee

Die Äpfel waschen und entsaften. 400 g Saft mit Ascorbinsäure, Gelan, Agar Agar, Zucker und Apfelessig aufkochen. Dann die eingeweichte Gelatine zugeben, ausgiessen und einen Tag kühl stellen. Danach in die gewünschte Form schneiden.

Meerrettich-Perlen

Crème fraîche, Rahm, Milch, Xanthan und Meerrettich miteinander verrühren, mit Salz abschmecken und tröpfchenweise in Stickstoff geben. Sollte kein Stickstoff zur Verfügung stehen, kann man auch eine Meerrettichcreme herstellen und die Teller damit verzieren.

Knuspriger Schweinebauch mit Bierjus und Sauerkraut

Rezept für 4 Personen

Schweinebauch

600 g Schweinebauch

125 ml Weizenbier

Kümmel, Senfsaat, Korianderkörner

Bierjus

500 g Schweineknochen

200 g Zwiebeln, grob gewürfelt

100 g Karotten, grob gewürfelt

100 g Sellerie, grob gewürfelt

50 g Lauch, in Ringe geschnitten

50 g Champignons, geviertelt

100 ml Rapsöl

30 g Tomatenmark

2 Knoblauchzehen

2 l Gemüsefond

500 ml dunkles Bier

3 Lorbeerblätter

15 schwarze Pfefferkörner

5 Pimentkörner

5 Nelken

Sauerkraut

50 g Schalotten

50 g Butter

300 g Sauerkraut

125 ml Weisswein

125 ml Apfelsaft

30 g Honig

1 Lorbeerblatt

3 Wacholderbeeren

2 Nelken

etwas Kümmel

Sauerkrautgelee

100 ml Sauerkrautsaft

25 ml Weisswein

0,3 g Gelan

0,64 g Agar Agar

2 Pimentkörner

1 Lorbeerblatt

1 Wacholderbeere

1 Gelatineblatt

Schmorgemüse

4 Babykarotten

4 kleine Petersilienwurzeln

4 Lauchzwiebeln

je Gemüse 50 ml Schweinejus

Anna-Kartoffel

400 g Kartoffeln, festkochend

100 g Nussbutter

Salz, Pfeffer, Muskat

Schweinebauch

Schweinebauch mit allen Zutaten gemeinsam in einen Beutel geben, vakuumieren und bei 68 °C ca. 24 Stunden im Wasserbad Sous Vide garen.

Bierjus

Die Knochen im Ofen bei 180 °C dunkelbraun rösten. Das Gemüse in Rapsöl dunkel anrösten. Tomatenmark und Knoblauch zugeben, kurz mitrösten, mit 50 ml Wasser ablöschen und wieder einkochen. Diesen Vorgang noch zwei Mal wiederholen. Dann mit Bier ablöschen, den Gemüsefond aufgiessen und 2 Stunden auf kleiner Stufe köcheln lassen. Dann die Gewürze zugeben und noch 1 Stunde köcheln lassen. Später die Sauce durch ein Tuch passieren, den Fond auf 200 ml reduzieren und eventuell mit etwas Weizen-stärke binden.

Sauerkraut

Die Zwiebeln schälen, in ganz kleine, feine Würfel schneiden (Brunoise), in Butter anschwitzen und das Sauerkraut zugeben. Mit Weisswein und Apfel-saft ablöschen. Honig, Lorbeerblatt, Wacholderbeeren, Nelken und Kümmel zugeben und ca. 1 Stunde köcheln lassen.

Sauerkrautgelee

Sauerkrautsaft, Weisswein, Gelan und Agar Agar zusammen kalt verrühren. Piment, Lorbeer und Wacholderbeere dazugeben, in Salzwasser aufkochen und 1–2 Minuten köcheln lassen. Gelatine in heissem Wasser aufweichen, dazugeben und dann durch ein Sieb in eine Form passieren und kalt stellen. Schliesslich in 1 cm grosse Würfel schneiden.

Schmorgemüse

Das Gemüse waschen, sauber abbürsten und jede Sorte für sich mit Strunk und 50 ml Schweinejus vakuumieren. Die Karotte im Ofen bei 85 °C ca. 50 Minuten garen und danach in Eiswasser abschrecken. Die Petersilienwurzel im Ofen bei 85 °C ca. 55 Minuten garen und danach in Eiswasser abschrecken. Die Frühlingszwiebeln im Ofen bei 85 °C ca. 35 Minuten garen und danach in Eiswasser abschrecken.

Anna-Kartoffel

Die Kartoffeln waschen, schälen und in ca. 1 mm dicke Scheiben hobeln. Dann mit der flüssigen Nussbutter vermengen und mit Salz, Pfeffer und Muskat abschmecken. Die Scheiben so aufeinander legen, dass ein rechteckiger Block entsteht und bei 100 °C ca. 1 Stunde im Ofen garen, danach gleich kühl stellen. Die erkaltete Anna-Kartoffel in schöne Würfel schneiden und zum Anrichten in geklärter Butter von allen Seiten anbraten.

Quittendessert

Rezept für 4 Personen

Quittensud

1 kg Quitten

60 g Zucker

100 g Honig

600 g Apfelsaft

400 g süsslicher Weisswein

1 Vanilleschote

Gelierte Quittenbällchen

1 l Quittensud

3 g Xanthan (Geliermittel)

400 ml Quittensud

25 g Pflanzengelatine (von Sosa)

Quittenkugel

200 g Isomalt

gelbe Lebensmittelfarbe

Quittenespuma

500 g Quittensud

3 Gelatineblätter

Quittenragout

1 Quitte

30 g Zucker

50 g Apfelsaft

¼ Vanilleschote

¼ Zitronenschale

Salz

Haferflockencrumbles

50 g Mehl

50 g brauner Rohrzucker

50 g Haferflocken

50 g Mandeln, gemahlen

50 g Butter, flüssig

Schokoladensteine

30 g Vollmilchkuvertüre

20 g Zartbitterkuvertüre

20 g Kaolin

Karo-Kaffeeglace

300 g Milch

200 g Rahm

100 g Zucker

100 g Eigelb

5,5 g Karo-Kaffee

20 g Vollmilchkuvertüre

Salz

Quittensud

Quitten waschen, schälen, klein schneiden und ca. 12 Stunden oxidieren lassen, bis eine braunrote Farbe entsteht. Zucker mit Honig in einem Topf leicht karamellisieren, mit Apfelsaft und Weisswein ablöschen, Quitten und Vanille dazugeben und ca. 1 Stunde köcheln lassen. Dann durch ein Spritzsieb passieren.

Gelierte Quittenbällchen

1 l Quittensud mit Xanthan binden, in Halbkugelformen füllen und einfrieren. Dann zwei gefrorene Halbkugeln zu einer Kugel zusammensetzen. Mit dem Quittensud und der Pflanzengelatine ein Gelee herstellen (90 °C). Danach die Kugeln mit einem Zahnstocher gefroren in das heisse Gelee tauchen. Herausnehmen und im Kühlschrank auftauen lassen.

Quittenkugel

Isomalt in der Mikrowelle schmelzen. Eine kleine Portion abnehmen, zu seidenem Glanz ziehen (Luft einarbeiten) und mit dem Blasebalg zur Grösse eines kleinen Apfels blasen. In einer Stelle der Kugel eine kleine Vertiefung eindrücken. Die Kugel vom Blasebalg lösen und mit einem Bunsenbrenner eine Öffnung für die Füllung hineinschmelzen. Mit einem Pinsel gelbe Lebensmittelfarbe dezent auf der Quitte verteilen.

Quittenespuma

Quittensud leicht erwärmen und die eingeweichte Gelatine darin auflösen. In eine 500-ml-Espuma-Flasche geben, mit zwei CO_2 Kapseln befüllen und gut schütteln. Die Flasche für mindestens 16 Stunden kühl stellen.

Quittenragout

Quitte waschen, schälen und klein würfeln. Zucker karamellisieren, die Quittenabschnitte hineingeben und mit Apfelsaft ablöschen. Vanilleschote und Zitronenschale dazugeben und im abgedeckten Topf weich kochen lassen. Mit einem Stabmixer fein pürieren und dann die Quittenwürfel dazugeben, weichkochen, gegebenenfalls mit Wasser auffüllen und mit einer Prise Salz würzen.

Haferflockencrumbles

Alle Zutaten vermischen und auf einem Backpapier verstreuen. 1 Stunde kühl stellen und 5 Minuten bei 180 °C im Backofen backen.

Schokoladensteine

Schokolade schmelzen. Danach langsam in das Kaolin laufen lassen und währenddessen mit dem Schneebesen gut verrühren.

Karo-Kaffeeglace

Milch, Rahm, Zucker, Eigelb und Salz zur Rose abziehen. Karo-Kaffee und Vollmilchkuvertüre hineinrühren und in der Glacemaschine gefrieren.

Lachsforelle auf Spargelcannelloni mit Hummersauce

Schwarzwälder Rinderrücken mit Peperonata und Oliven-Gnocchi

Millefeuille von Quarkmousse mit Himbeeren

Klaus Ditz

In *Teufels Küche* von Oktober 1990 bis März 1994

1962 in Graz (Österreich) geboren, gehöre ich wie Michael Baader schon zur Generation «über 50». Ich habe im *Teufelhof* von 1990 bis 1994 als zweiter Küchenchef gearbeitet. Im *Teufelhof* habe ich die Frau meines Lebens kennengelernt, Petra Ringwald, mit der ich heute gemeinsam das Restaurant *Hugenhof* in Simonswald führe. Die Geburt unserer Tochter Nina haben wir im *Teufelhof* gefeiert und auch unsere Hochzeit fand selbstverständlich im *Teufelhof* statt – an dem Ort, an dem wir uns kennengelernt haben.

Wenn ich mich nochmals für einen Beruf entscheiden müsste, würde ich wieder Koch lernen. Es gibt wenige Berufe, bei denen man seine getane Arbeit direkt sieht, etwas zubereitet, anrichtet und dann gleich das Feedback der Gäste bekommt. Seit 2000 arbeite ich selbstständig und seit Anfang 2013 wird der *Hugenhof* als Restaurant und Landhaus geführt. Dabei gilt seit der Eröffnung unseres Restaurants: «Herzgastronomie statt Kommerzgastronomie». Wir sind immer bemüht, regionale Produkte zu verwenden. Beispielsweise kommt die Lachsforelle für das auf den folgenden Seiten präsentierte Dreigangmenü aus einer Fischzucht in Seelbach, der Spargel kommt vom Tuniberg, das Rind aus eigener Schlachtung, die Himbeeren stammen aus Buchholz und der Bärlauch aus unserem eigenen Wald.

Lachsforelle auf Spargelcannelloni mit Hummersauce

Rezept für 4 Personen

Lachsforelle

2 Lachsforellenfilets à 150 g, mit Haut und ohne Gräten
30 g Butaris (Butterfett)
Mehl, Salz, Pfeffer aus der Mühle

Spargelcannelloni

Teig:
150 g Eigelb
5 g Wasser
5 g Olivenöl
200 g Mehl
Salz
Füllung:
200 g weisser Spargel
125 g Ricotta
25 g Weissbrotwürfel
10 g Parmesan
10 g Eigelb
8 g Pertersilie, gehackt
Salz, Pfeffer aus der Mühle
Butter

Hummersauce

Schalen von 4 Hummern
20 g Butaris (Butterfett)
2 Schalotten
1 kleine Karotte
2 Stangenselleriestängel
30 g Butter
20 ml Armagnac
50 ml Sauternes
100 ml weisser Portwein

150 ml Weisswein
400 g Dosentomaten, geschält
½ Lorbeerblatt
8 Safranfäden
2 Pimentkörner
1 Kardamomkapsel
1 Sternanissegment
5 Pfefferkörner, im Mörser zerdrückt
300 ml Rahm
100 ml Doppelrahm
Salz, Pfeffer aus der Mühle

Lachsforelle

Die Lachsforellenfilets in 6 Stücke teilen, mit Salz und Pfeffer würzen, kurz melieren und in Butaris auf der Hautseite knusprig braten. Erst im letzten Moment auf die andere Seite drehen.

Spargelcannelloni

Eigelb, Wasser, Olivenöl und Salz in eine Schüssel geben, mit einem Schneebesen gut durchrühren, gesiebtes Mehl dazugeben und alles rasch zu einem glatten Teig verarbeiten. Für 30 Minuten in einer Klarsichtfolie eingepackt ruhen lassen. Danach den Teig dünn ausrollen und 18 Quadrate in der Grösse 12 x 12 cm schneiden. Die Teigquadrate in kochendem Salzwasser al dente kochen. Mit dem Schaumlöffel aus dem Kochwasser heben, in Eiswasser abschrecken und auf einem Küchentuch abtropfen lassen.

Für die Füllung den Spargel waschen, schälen und roh in ca. 5 x 5 mm grosse Würfelchen schneiden. Vorsichtig den Spargel mit Ricotta, Weissbrotwürfeln, Parmesan und Eigelb vermischen und mit Salz und Pfeffer aus der Mühle würzen. Je nach Bedarf mit gehackter Petersilie verfeinern und anschliessend in einen Spritzbeutel mit mittlerer Tülle füllen. Auf jedes Teigblatt wird fingerdick die Füllung gespritzt und anschliessend aufgerollt.

Die Cannelloni auf ein mit Butter bestrichenes Backblech legen, mit Alufolie abdecken und bei 145 °C ca. 15 Minuten garen.

Hummersauce

Hummerschalen zerkleinern und in einem Topf mit Butaris anrösten.

Das Gemüse schälen, fein schneiden und mit der Butter zu den Hummerschalen geben. Kurz anschwitzen, mit dem Armagnac ablöschen und flambieren – ansonsten schmeckt die Sauce spritig. Den Sauternes, weissen Portwein und Weisswein dazugeben und kurz aufkochen lassen.

Die Tomaten mit dem Stabmixer pürieren und mit den Gewürzen ebenfalls in den Topf geben, salzen und eine Stunde leicht köcheln lassen. Dann durch ein Sieb streichen und den passierten Fond auf 200 ml einkochen. Den Rahm und den Doppelrahm hinzugeben, aufkochen und 20 Minuten köcheln lassen. Zum Schluss mit Salz und Pfeffer aus der Mühle verfeinern.

Tipp: Wenn es mehr Sauce gibt als benötigt, kann man den Rest gut für eine Suppe weiterverwenden.

Schwarzwälder Rinderrücken mit Peperonata und Oliven-Gnocchi

Rezept für 4 Personen

Roastbeef

750 g Roastbeef

Salz, Pfeffer aus der Mühle

Butaris (Butterfett) zum Braten

Bärlauchkruste

60 g Bärlauch

20 g Blattpetersilie

125 g Crème fraîche

250 g Butter

250 g Toastbrot, ohne Rinde

Salz, Cayennepfeffer

Peperonata

1 kleine Zwiebel

1 Knoblauchzehe

3 EL Olivenöl

2 Peperoni (1 rote, 1 gelbe)

150 ml Tomatensaft

3 Tomaten

10 g Ketchup

Piment d'Espelette

Kartoffelstärke, Salz

Oliven-Gnocchi

800 g Kartoffeln, mehlig

150 g Mehl

60 g Kartoffelstärke

75 g schwarze Olivenpaste

3 Eigelb

30 g Parmesan

30 g Olivenöl zum Braten

Salz, Pfeffer, Muskatnuss

Roastbeef

Das Roastbeef in 3 Stücke à 250 g schneiden. Die drei Steaks mit Salz und Pfeffer beidseitig würzen und in einer Pfanne mit Butaris auf allen vier Seiten anbraten. Im vorgewärmten Ofen bei 120 °C 12–15 Minuten rosa garen. Das Fleisch 15 Minuten ruhen lassen, die Krustenmasse in 5 mm dünne Scheiben schneiden und auf die Steaks legen. Die Steaks nun unter dem Backofengrill 4 Minuten gratinieren.

Bärlauchkruste

Bärlauch und Blattpetersilie waschen, die Stiele entfernen und mit der Crème fraîche in einer Küchenmaschine pürieren. Nun die Butter aufschlagen, mit Salz und Cayennepfeffer würzen und das Bärlauchpüree hinzufügen. Das Toastbrot in der Küchenmaschine zu Mie de Pain verarbeiten und zum Bärlauchpüree geben. Alles gut vermischen und zu zwei Stangen formen. Die Stangen in Klarsichtfolie wickeln und mindestens 2 Stunden kühl stellen. Die Bärlauchkrustenmasse lässt sich gut vorbereiten und einfrieren.

Peperonata

Die Zwiebel und die Knoblauchzehe schälen, fein schneiden und in einer Pfanne in leicht erhitztem Olivenöl anschwitzen. Die Peperoni mit einem Sparschäler schälen, in Streifen schneiden, hinzufügen und mit anschwitzen. So lange garen, bis keine Flüssigkeit mehr im Topf ist. Dann mit 100 ml Tomatensaft ablöschen. Die Tomaten 3 Sekunden ins kochende Wasser geben, im Eiswasser abschrecken und dann die Schale abziehen. Die Tomaten vierteln, das Kerngehäuse herausschneiden, die Tomatenviertel in Streifen schneiden und dazugeben. Mit Ketchup, Salz und Piment d'Espelette würzen. Das Ganze etwas köcheln lassen. Die Kartoffelstärke mit dem restlichen Tomatensaft verrühren und das Peperonata damit abbinden.

Oliven-Gnocchi

Die gewaschenen Kartoffeln im Ofen bei 175 °C 35–40 Minuten je nach Grösse backen, schälen und durch die Kartoffelpresse drücken. Die Kartoffelmasse durchkühlen lassen. Mit sämtlichen Zutaten einen Kartoffelteig herstellen und 15 Minuten ruhen lassen. Dann fingerdick ausrollen und ca. 10 g schwere Kugeln formen. Die Kugeln über den Rücken mit einer Gabel zu Gnocchi formen. Die Gnocchi in kochendes Salzwasser geben, kochen, bis sie an die Oberfläche steigen und mit einem Schaumlöffel in Eiswasser abschrecken. In einem Sieb die Gnocchi gut abtropfen lassen und mit Olivenöl durchmischen, damit sie nicht zusammenkleben. Die Gnocchi dann in einer Pfanne mit Olivenöl kurz anbraten.

Millefeuille von Quarkmousse mit Himbeeren

10–12 Himbeeren pro Person

Hippenblätter für das Millefeuille

140 g Eiweiss

160 g Zucker

80 g Mehl, gesiebt

130 g Butter

Quarkmousse

250 g Quark

1 Vanilleschote

½ Zitrone, Abrieb und Saft

350 ml Rahm

165 g Eiweiss

85 g Zucker

Felchlin Schokoladenglace

250 ml Rahm

250 ml Milch

4 Eigelb

75 g Zucker

90 g Felchlin Schokolade

(Centenario 72 %), klein gehackt

Hippenblätter für das Millefeuille

Das Eiweiss und den Zucker mit dem Handmixer steif schlagen. Das Mehl unter den Eischnee heben. Die Butter in einem Topf oder einem Butterpfännchen schmelzen und die noch lauwarme Butter vorsichtig in den Teig einrühren. Mithilfe eines Plastikdeckels eine runde Ringschablone basteln (8 cm Durchmesser). Die Schablone auf ein mit Backpapier ausgelegtes Backblech legen und die Masse mit einer Palette dünn in die Schablone streichen, sodass der Boden bedeckt wird. Mithilfe der Schablone weitere Kreise auf dem Backblech verteilen, bis die Masse aufgebraucht ist. Im vorgeheizten Ofen bei 160 °C ca. 6 Minuten backen. Bevor die Hippen von der Backmatte gehoben werden, sollten sie gut auskühlen.

Quarkmousse

Den Quark in eine Schüssel geben und mit dem ausgeschabten Vanillemark, dem Zitronenabrieb und dem ausgepressten Zitronensaft verrühren. Den Rahm mit dem Handmixer steif schlagen und in die Quarkmasse rühren. Zum Schluss das Eiweiss mit dem Zucker cremig steif schlagen und ebenfalls unter die Quarkmasse heben. Eine Schüssel, in der ein grobes Sieb hängt, mit einem Passiertuch auslegen und die Quarkmasse hineingeben. Die Schüssel abdecken und den Quark 5–6 Stunden abtropfen lassen.

Für das Millefeuille die Hippenblätter und die Quarkmasse mit den Himbeeren abwechselnd auftürmen und zum Schluss mit Himbeeren garnieren.

Felchlin Schokoladenglace

Den Rahm mit der Milch in einem Topf aufkochen. Das Eigelb mit dem Zucker in einer Schüssel verrühren und die Rahm-Milch-Mischung beifügen. Die Masse über einem heissen Wasserbad cremig aufschlagen. Die Schüssel vom Wasserbad nehmen und die klein gehackte Felchlin Schokolade dazugeben. Die Masse glatt rühren, durch ein Sieb in eine kalte Schüssel giessen und abkühlen lassen. In einer Glacemaschine frieren. Wer keine Glacemaschine hat, kann die Masse auch in ein tiefkühlgeeignetes Gefäss füllen und 4 Stunden einfrieren. Dabei jede Stunde die Masse gut rühren.

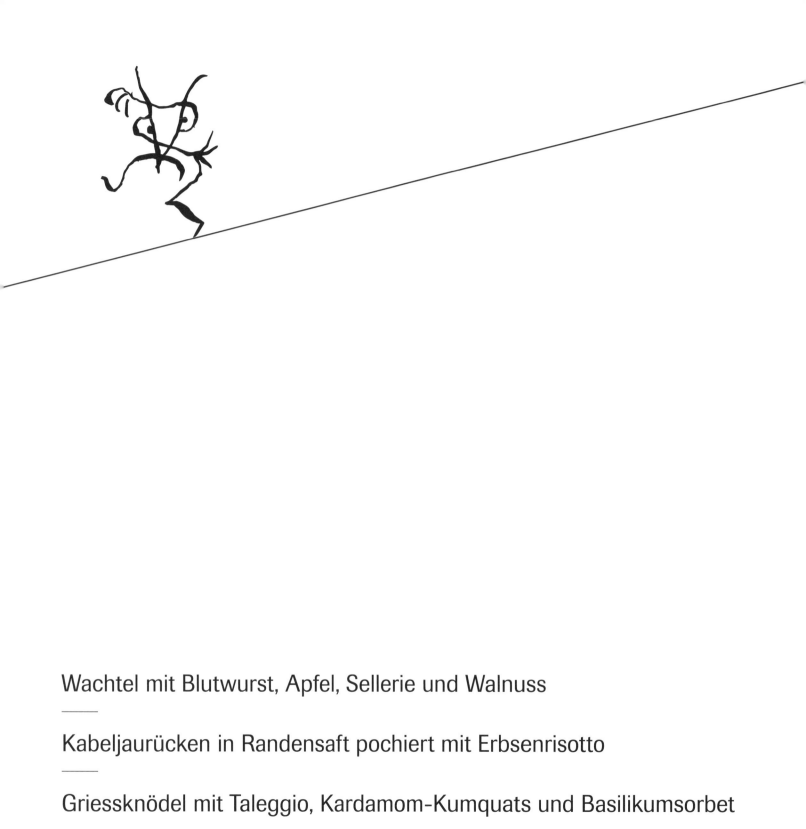

Wachtel mit Blutwurst, Apfel, Sellerie und Walnuss

—

Kabeljaurücken in Randensaft pochiert mit Erbsenrisotto

—

Griessknödel mit Taleggio, Kardamom-Kumquats und Basilikumsorbet

Jochen-Peter Siering

In *Teufels Küche* von Januar 1991 bis Juni 1996

Meine Leidenschaft für das Kochen entwickelte sich schon in der frühen Kindheit, als ich sonntags geholfen habe, das Essen zu kochen. Irgendwann wurde ich dann mutiger und versuchte, alleine aus den reifen Tomaten in unserem Garten Tomatensauce herzustellen. Für mich stand schon mit zwölf Jahren fest, dass ich einmal Koch werden will. Und jetzt bin ich einer! Es ist für mich der schönste Beruf, den ich mir nur vorstellen kann. 1969 in Öhringen geboren, begann ich im Sommer 1986 meine Ausbildung zum Koch in der *Sonne-Post* in Murrhardt bei der Familie Bofinger. Nach Stationen in Dinkelsbühl und Stuttgart-Bad Cannstatt bewarb ich mich bei Michael Baader im *Teufelhof*. Ich hatte im Radio ein Interview mit Monica Thommy-Kneschaurek gehört, die vom neu eröffneten Gast- und Kulturhaus erzählte. Das war so interessant, dass ich mir dachte, da zu arbeiten wäre schon cool. Als mein damaliger Chef mich dann gefragt hat, ob ich mir vorstellen könnte, im *Teufelhof* zu arbeiten, musste ich nicht lange überlegen. Als ich zum Vorstellungstermin nach Basel kam, waren auf dem Dach noch Ballons und ein Banner mit der Aufschrift «1 Jahr Teufelhof» angebracht. Nach einem sensationellen Essen im Restaurant sassen während dem Vorstellungsgespräch alle Köche am Tisch und schrieben die Speisekarte. Dabei wurde eine Menge Champagner getrunken, so kam es mir auf jeden Fall vor. Ich wurde gleich dazu eingeladen und es wurde viel gelacht. Was für ein Vorstellungsgespräch! Dann kam die ersehnte Zusage. Ob es an meiner Trinkfestigkeit oder an meinem Zeugnis lag, weiss ich bis heute nicht. Ich begann als Jungkoch, leistete zwischenzeitlich meinen Zivildienst im Krankenhaus in Lörrach und wurde dann Chef Tournant. Es war eine sehr lehrreiche Zeit, sowohl in fachlicher als auch in menschlicher Hinsicht. Das hat mich so sehr geprägt, dass ich heute noch vieles davon weitergeben kann. Nach der tollen Zeit in Basel fand ich im *Ochsen* in Stetten im Remstal eine Stelle als Souschef. Die nächste Herausforderung war der Posten des Alleinkochs in der Weinstube *Basta* im Stuttgarter Bohnenviertel. Seit 2001 lebe ich mit meiner Frau Sabine und meinen beiden Söhnen Philipp und Daniel in der Nähe von Aachen, wo ich bei der Familie Schmitz als Küchenchef im Restaurant *Gut Schwarzenbruch* arbeite.

Wachtel mit Blutwurst, Apfel, Sellerie und Walnuss

Rezept für 4 Personen

Walnuss-Apfel-Sellereiesalat

1 kleiner Apfel

40 g Zucker

100 ml Weisswein

3 EL Calvados

1 Stange Staudensellerie

einige Staudensellerieblätter

40 g Walnusskerne

4 EL Walnussöl

½ Zitrone, Saft

Salz, Pfeffer

Selleriepüree

300 g Sellerie (Knolle)

40 g Butter

Salz, Pfeffer

Wachtel mit Blutwurst

2 grosse Wachteln

1 grosser Apfel

ca. 200 g Blutwurst

Zucker

20 g Butter

Butterfett zum Braten

30 g Butter

Salz, Pfeffer

Zuerst werden aus den Wachteln die Brüste und die Keulen ausgelöst, dann kalt gestellt.

Walnuss-Apfel-Sellereiesalat

Den Apfel schälen, das Kerngehäuse entfernen und in Würfel schneiden. Den Zucker in einem Topf unter ständigem Rühren mittels einer Holzkelle hellbraun karamellisieren und mit Weisswein ablöschen. Sobald sich das Karamell vollständig in der Flüssigkeit aufgelöst hat, werden die Apfelwürfel und der Calvados hinzugefügt. Die Würfel sollten noch bissfest sein, wenn sie mit einer Schaumkelle aus dem Fond genommen werden. Äpfel und Fond kalt stellen.

Den Staudensellerie waschen, putzen und würfeln, dann kurz in kochendem Salzwasser blanchieren. Einige Sellerieblätter waschen und in Streifen schneiden. Mit den Sellerie- und Apfelwürfeln und gehackten Walnusskernen mischen. Das Ganze mit dem Walnussöl, etwas Apfelfond und Zitronensaft marinieren und mit Salz und Pfeffer würzen.

Selleriepüree

Für das Selleriepüree den gewaschenen Sellerie schälen, grob zerkleinern und in Salzwasser weichkochen. Sellerie in einem Tuch ausdrücken, mit einem Mixer pürieren und durch ein Sieb streichen. In einem Topf die Butter schmelzen lassen, das Selleriepüree darunterrühren, mit Salz und Pfeffer abschmecken und warmhalten.

Wachtel mit Blutwurst

Aus dem grossen Apfel das Kerngehäuse mit einem Apfelausstecher entfernen, in vier gleich dicke Scheiben schneiden und mit einem runden Ausstecher Ringe ausstechen. Die Haut von der Blutwurst abziehen und in Scheiben von der Länge der Apfelringe schneiden. Die Apfelscheiben mit etwas Zucker bestreuen und in Butter bei geringer Temperatur garen.

Die Wachtelteile braten. Zuerst die Keulen (brauchen etwas länger), dann die Brüste dazugeben. Kurz vor dem Schluss frische Butter zugeben und fertig braten. Gleichzeitig die Blutwurst von beiden Seiten braten.

In der Mitte des Tellers Selleriepüree, Blutwurst, Apfelscheiben, Wachtel-
brust und -keule in dieser Reihenfolge von unten nach oben aufschichten.
Der Salat wird um das Türmchen herum verteilt.

Kabeljaurücken in Randensaft pochiert mit Erbsenrisotto

Rezept für 4 Personen

Meerrettichespuma

100 g Meerrettich, frisch gerieben

125 ml eingekochter Fischfond

100 ml Rahm

Salz, Pfeffer, Zucker und etwas

Zitronenabrieb

Kabeljau in Randenfond

4 x 120 g Kabeljaurücken ohne Haut

4 g Senfsaat

100 ml Weisswein

1 Lorbeerblatt

500 ml Randensaft

Salz, Pfeffer

Erbsenrisotto

80 g Risottoreis

20 g Schalotten

40 g Butter

1 Knoblauchzehe

200 g Erbsen, frisch oder auch gefroren

ca. 500 ml Geflügelfond

50 ml Weisswein

40 g Parmesan

Salz, Pfeffer

Meerrettichespuma

Fischfond mit frisch geriebenem Meerrettich erwärmen. Mit Salz, Pfeffer, wenig Zucker, etwas Zitronenabrieb abschmecken und den Rahm dazugeben. Die Masse durch ein feines Sieb passieren und in eine Espuma-Flasche (Rahmbläser mit zwei Gaspatronen) füllen. Dies kann schon am Vortag gemacht werden. Falls keine Flasche vorhanden ist, in einem Topf mit einem Mixer aufschäumen.

Randenfond

Senfsaat rösten, mit Weisswein ablöschen, das Lorbeerblatt und den Randensaft dazugeben und auf ca. 60 °C erwärmen. Danach durch ein Sieb passieren und mit Salz und Pfeffer würzen.

Erbsenrisotto

Erbsen in kochendem Salzwasser blanchieren. Danach mit einem Stabmixer pürieren und durch ein feines Sieb passieren. Für das Risotto die Schalotte schälen, in feine Würfel schneiden und mit 20 g Butter sowie dem geschälten Knoblauch farblos anschwitzen. Den Risotto einrühren und gleich mit etwas Salz und Pfeffer würzen. Mit Weisswein ablöschen und nach und nach den erwärmten Geflügelfond unter ständigem Rühren dazugeben. Wichtig: bei nicht zu hoher Temperatur garen. Wenn das Risotto seinen Garpunkt erreicht hat, das Erbsenpüree, den Parmesan, die restliche kalte Butter dazugeben und mit Salz und Pfeffer abschmecken.

Kabeljau

Den Kabeljau in den abgeschmeckten, passierten und heissen Fond legen. Für 15–20 Minuten je nach Dicke des Fisches bei ca. 80 °C pochieren.

Griessknödel mit Taleggio, Kardamom-Kumquats und Basilikumsorbet

Rezept für 4 Personen

Basilikumsorbet

250 ml Läuterzucker (250 g Zucker und
250 ml Wasser)
35 g Glukose
1½ Bund Basilikum
50 ml Zitronensaft

Griessknödel

125 ml Milch
10 g Zucker
50 g Butter
40 g Hartweizengriess
½ Ei
1 Eigelb
110 g Taleggio (ca. 30 g für die Knödel,
den Rest zum Anrichten)

Kardamom-Kumquats

125 g Kumquats
25 g Zucker
40 ml Weisswein
35 ml weisser Portwein
2 Kardamomkapseln
¼ Vanilleschote
ca. ½ EL Speisestärke

Pumpernickelbrösel

30 g Butter
20 g Pumpernickel, gerieben

Basilikumsorbet

Für den Läuterzucker den Zucker im Wasser in einem Topf aufkochen und abschäumen. In den noch warmen Läuterzucker die Glukose auflösen und danach auskühlen lassen. Den Basilikum beigeben, gut mixen, durch ein Sieb passieren und mit dem Zitronensaft vermischen. Die Masse sofort in der Glacemaschine frieren. Wer keine Glacemaschine hat, kann die Masse in ein tiefkühlgeeignetes Gefäss füllen und für ca. 4 Stunden tiefkühlen, wobei die Masse mindestens jede Stunde gerührt werden sollte.

Griessknödel

Die Milch mit dem Zucker und der Butter aufkochen. Danach den Griess einrühren und die Masse so lange rühren, bis sich eine weisse Schicht am Topfboden bildet. Die Masse in einer Schüssel etwas auskühlen lassen. Dann nacheinander Ei und Eigelb darunterrühren und für 1 Stunde ruhen lassen. Die Knödelmasse in 4 Portionen teilen. Zirka 30 g vom Taleggio nehmen, die Rinde entfernen und ebenfalls in 4 Portionen teilen. Die Käsestücke mittig in die flach gedrückte Knödelmasse legen. Den Käse ganz umschliessen und glatte Knödel formen. In reichlich Salzwasser kochen, bis sie an der Oberfläche schwimmen, dann noch 10 Minuten ziehen lassen.

Kardamom-Kumquats

Die Kumquats waschen, in Ringe schneiden und die Kerne dabei entfernen. Den Zucker in einem Topf hellbraun karamellisieren. Sobald der Zucker geschmolzen ist und bräunlich wird, mit dem Weisswein und dem Portwein ablöschen. Die Kardamomkapseln im Mörser zerstossen und die Kapsel entfernen. Das Mark der Vanilleschote ausschaben und mit dem Kardamom in den Topf mit der Zucker-Wein-Mischung geben. So lange köcheln lassen, bis sich das Karamell gelöst hat. Den Fond durch ein Sieb passieren und auf die Kumquats giessen. Kurz vor dem Anrichten nochmals in einem Topf aufkochen und mit in Wasser angerührter Speisestärke binden.

Pumpernickelbrösel

Den Pumpernickel zerreiben, sodass kleine Brösel entstehen. Die Butter in einer Pfanne erwärmen, den geriebenen Pumpernickel dazugeben und etwas rösten.

Die Knödel an das Kumquatskompott legen, ein Stück Taleggio und das Sorbet daneben anrichten und die Pumpernickelbrösel über die Knödel verteilen.

Apfel-Merrettichrahmsuppe mit geräuchertem Bachsaibling

———

Mit Schwarzbrot und Kräutern gefüllter Spanferkelbauch

———

Marsala-Tiramisu mit Zwetschgen

Christian Vogler

In *Teufels Küche* von März 1993 bis März 1995

Ich bin ein Müllerssohn und stamme aus einer Tradition von Müllern, die im wunderschönen Bayern seit über 500 Jahren das tun, was sie immer schon taten: Mehl erzeugen und das Land bewirtschaften, auf dem sie leben. Ich bin gelernter Koch und habe ein Praktikumsjahr als Konditor in meiner Heimatstadt Augsburg gemacht. Zweieinhalb Jahre lang war ich dann in London, unter anderem bei Anton Mosimann im *Mosimann Dining Club*. Mit ihm war ich auch einmal in Peking. Nach Stationen in Florenz, Monopoli bei Bari in Sizilien und Paris kam ich über Frank Oehler zum *Teufelhof* nach Basel.

Meine lustigste und schlimmste Erinnerung an den *Teufelhof* ist jetzt etwa 19 Jahre her. Jeder weiss, dass Michael Baader ein grandioser Tischtennisspieler ist, der keine Chance auslässt, den Jungs zu zeigen, was er drauf hat. Er forderte mich heraus, indem er mir versprach, er würde statt mit einem Schläger mit dem Knochen einer ausgelösten Kalbsschulter, sprich mit dem Schulterblatt, gegen mich antreten. Nach jedem verlorenen Spiel hatte der Verlierer ein Glas Slibowitz zu trinken. Wie das letzte Spiel ausgegangen ist, weiss ich nicht, und auch nicht, wo ich am nächsten Tag aufwachte. Bei dem Geruch von Slibowitz wird mir immer noch schlecht. Ich hatte jedes Spiel verloren. Der, der ich heute bin, bin ich zu einem nicht unerheblichen Teil durch den *Teufelhof* geworden. Es war sowohl beruflich als auch persönlich eine schöne, lehrreiche und prägende Zeit. Heute bin ich Wirt und Pächter der Gaststätte *Augustiner Keller* mit typischer bayrischer Gastronomie in München. Hier bin ich Vater von drei wunderbaren Mädchen und Ehemann einer ebenso wunderbaren Frau. Mein Hobby ist die Jagd, wobei es mir eigentlich nicht ums Jagen geht, sondern in allererster Linie um die Zeit in der Natur. Ich liebe die Gastronomie, ich liebe es, Menschen um mich zu haben, Mitarbeiter genauso wie Gäste. Im *Augustiner Keller* sind beide von ausnehmend liebenswerter Art.

Apfel-Merrettichrahmsuppe mit geräuchertem Bachsaibling

Rezept für 4–6 Personen

Suppe

150 g Schalotten

2 saure Äpfel

40 g Butter

300 ml naturtrüber Apfelsaft

½ Lorbeerblatt

150 ml Augustiner Weissbier

100 ml weisser Portwein

800 ml kräftige Rinderbouillon

300 g Sahnemeerrettich aus dem Glas

400 ml Rahm

1 Thymianzweig

Salz, schwarzer Pfeffer aus der Mühle

evtl. Speisestärke

100 g kalte Butter

Saibling

200 g geräuchertes Bachsaiblingfilet

10 g Meerrettich

Suppe

Die Schalotten schälen und fein schneiden. Die Äpfel waschen, schälen, Gehäuse entfernen und in Würfel schneiden. Beides zusammen mit Butter kurz glasig anschwitzen. Danach mit dem Apfelsaft ablöschen und um die Hälfte einkochen. Das halbe Lorbeerblatt und das Weissbier zugeben und wieder um die Hälfte einkochen. Tipp für Weissbierprofis: zuerst aus der Flasche das obere Bier vorsichtig trinken und dann den unteren Teil mit der Hefe zum Kochen verwenden. Anschliessend den Portwein und die Rinderbouillon zugeben und erneut um die Hälfte einkochen. Den Sahnemeerrettich mit einem Tuch gut auspressen und den Saft zugeben. Nun den Rahm hinzufügen und alles einmal aufkochen lassen. Mit Thymian, Salz und Pfeffer würzen und eventuell mit etwas Speisestärke abbinden. Die Suppe von der Hitze nehmen und die kalte Butter mit einem Schwingbesen oder Stabmixer untermischen.

Saibling

Die Saiblingsfilets in Würfel schneiden und in die vorgewärmten Teller oder Tassen geben. Mit der Suppe aufgiessen. Danach mit geriebenem Meerrettich verfeinern.

Mit Schwarzbrot und Kräutern gefüllter Spanferkelbauch

Rezept für 4–6 Personen

Gefüllter Spanferkelbauch auf Natursauce

100 g Zwiebelwürfel

100 g Speckwürfel

50 g Butter

20 grosse Blätter Blattpetersilie

2 gezupfte Zweige Thymian

300 g Schwarzbrotwürfel (würziges Sauerteigbrot)

ca. 300 ml Milch

4 Eier

1 ausgelöster Spanferkelbauch (vom Metzger eine Tasche einschneiden lassen)

ca. 20 g Butterfett, flüssig

Salz, Pfeffer

Knoblauch

Kümmel, Majoran

2 kg Rippenknochen vom Spanferkel

1 l Bouillon

Gebackenes Wurzelgemüse

300 g Sellerie

300 g Karotten

300 g Petersilienwurzel

1 rote Zwiebel (150 g)

Salz, Pfeffer

etwas Zucker

frischer Thymian

ca. 50 ml Olivenöl

Gefüllter Spanferkelbauch auf Natursauce

Die Zwiebel schälen und in Würfel schneiden. Zusammen mit den Speckwürfeln in Butter anschwitzen. Die Blattpetersilie in Streifen schneiden und mit dem gezupften Thymian ca. 10 Sekunden vor Schluss mit dem Speck und den Zwiebeln anschwitzen. Die Brotwürfel dazugeben und je nach dem, wie trocken die Schwarzbrotwürfel sind, die Menge der Milch anpassen. Auf ca. 40 °C erhitzen und zur Masse zugeben. Die 4 Eier unterheben und ca. 20 Minuten ziehen lassen.

Den Spanferkelbauch mit der Masse füllen und die Schwarte (das dicke obere Fett) mit dem Butterfett ganz dünn einreiben, damit das Gewürz hält. Rundherum mit Salz, Pfeffer, etwas gehacktem und mit dem Salz vermischtem Knoblauch, geriebenem Kümmel und Majoran würzen.

Knochen hacken und in eine Kasserolle hineinlegen. Darauf den Bauch legen. Im Backofen mit Umluft 1–1½ Stunden bei 160 °C backen. Wenn die Füllung fast fest ist (nach ca. 50 Minuten) einen Kochlöffel in die Ofentüre klemmen, damit die Feuchtigkeit entweichen kann und der Braten knusprig wird.

Den Braten aus der Kasserolle nehmen und an einem warmen Ort 15 Minuten ruhen lassen. Währenddessen die Knochen mit 1 l Bouillon aufgiessen und auf der Herdplatte 15 Minuten köcheln lassen, damit der Bratensatz sich löst. Durch ein Sieb passieren und mit den gleichen Gewürzen wie beim Braten würzen.

Gebackenes Wurzelgemüse

Sellerie waschen und in Würfel schneiden. Die Karotten und die Petersilienwurzeln waschen, schälen und ebenfalls in Würfel schneiden. Dieses Gemüse kann während der letzten halben Stunde, in welcher der Braten im Ofen ist, vorbereitet und auf einem Backblech mit Backpapier flach aufgelegt werden. Die Zwiebel schälen, in 8 Teile schneiden, auseinanderblättern und auf dem Blech verteilen. Das Gemüse mit Salz, Pfeffer, etwas Zucker, etwas frischem Thymian und Olivenöl würzen.

Wenn der Braten aus dem Ofen kommt, den Backofen gleich auf 220 °C stellen und das Gemüse in den Ofen schieben. Nach ca. 10 Minuten hat das Gemüse noch etwas Biss und kann mit dem Braten serviert werden.

Marsala-Tiramisu mit Zwetschgen

Rezept für 4 Personen

4 Einmachgläser Zwetschgen à ca. 150 ml
50 g Zucker
150 ml Marsala
1 Stück Zimtstange
1 ungespritzte Orange
8 ganze gefrorene Zwetschgen
6 Löffelbisquits
1 Tasse Kaffee (150 ml)
40 ml Orangensaft (kann von der
geschälten Orange genommen werden)
2 gestrichene EL Zucker
2 Eigelb
2 Gelatineblätter
250 g Mascarpone
100 ml Rahm
etwas Kakaopulver

Den Zucker hell karamellisieren, das heisst in einer Pfanne oder einem Topf trocken schmelzen lassen, ohne ihn braun werden zu lassen. Danach 50 ml Marsala und das Stück Zimtstange zugeben. Mit einem Schäler hauchdünne Streifen (ohne das Weisse) von der Orange abschälen, zusammen mit den gefrorenen Zwetschgen zugeben und aufkochen. Die Pfanne dann vom Herd nehmen. 100 ml Marsala mit dem Kaffee in einem flachen Behälter vermischen und die halbierten Löffelbisquits darin tränken. Aus dem Orangensaft, dem Zucker und dem Eigelb eine Zabaione im Wasserbad heiss aufschlagen. Die Zabaione so lange mit dem Schwingbesen schlagen, bis die Masse dick wird. Die in kaltem Wasser eingeweichte und ausgedrückte Gelatine in die Masse rühren und auflösen. Die Schüssel vom Wasserbad heben und die Mascarpone unter die noch heisse Masse mit einem Teigschaber unterheben. Den Rahm steif schlagen und ebenfalls mit einem Teigschaber unterheben.

Die Zwetschgen aus dem Sud nehmen und die Gläser von unten nach oben in folgender Reihenfolge befüllen: Löffelbisquits, Zwetschgen, Creme, Zwetschgen, Creme. Mit Kakaopulver bestäuben und servieren.

Saiblingsfilet in Kräutervinaigrette mit Schwarzwurzelsalat

—

Teriyakipfanzl von Tiger Prawns und Maishuhn mit Gemüsecurry

—

Schokoladentarte mit weisser Mousse und Gewürzbirne

Peter Gruber

In *Teufels Küche* von Mai 1993 bis Januar 1996

Ich bin ein Kosmopolit, ein passionierter Esser und ein leidenschaftlicher Koch. Meine Antriebsfeder ist gutes Essen, schon als kleines Kind war das sehr wichtig für mich. Geboren und aufgewachsen in Oberbayern als Sohn eines Zoologen und profunden Kenners des Himalayas, kam ich schon früh in Kontakt mit Menschen aus aller Herren Länder. Meine Liebe zu den Bergen, deren Nähe ich immer suchte, wurde entfacht durch viele Bergwanderungen und Skitouren mit meiner Familie und gipfelte in zwei Trekkingreisen durch die nepalesischen Hochtäler. Dort begegnete ich zum ersten Mal der Vielfalt asiatischer Gewürze. Auch hat mich der Garten meiner Eltern stark geprägt. Es gibt nicht Schöneres, als zu ernten und frisch zuzubereiten. So lernte ich, wie echte und frische Produkte schmecken. Bei meinen Caterings, Kochkursen und sonstigen Einsätzen lege ich sehr grossen Wert auf gesunde und hochwertige Nahrungsmittel. Meine Ausbildung zum Koch absolvierte ich in einer oberbayrischen Gastwirtschaft, in der ich das Arbeiten und die Grundlagen des Kochens erlernte. Die Welt der Haute Cuisine erschloss sich mir in vielen Wanderjahren durch den Schwarzwald und durch die Schweiz. Beim *Teufelhof*, der grossen Einfluss auf meine weitere Entwicklung hatte, bewarb ich mich zuerst aufgrund eines Irrtums. Ich hatte in einem Zeitungsartikel, den mir meine Mutter schickte, etwas über den *Teufelhof* gelesen und dann von Hans Stucki gehört. Ich bewarb mich bei Hans Stucki im *Teufelhof*, was bestimmt einige Verwunderung auslöste. Es war keine Stelle frei im *Teufelhof* und schliesslich arbeitete ich tatsächlich ein Jahr lang beim Grandseigneur der Schweizer Küche, Hans Stucki. In dieser Zeit gab es einen Köche-Stammtisch in Basel, an dem vornehmlich Köche von Hans Stucki und aus dem *Teufelhof* teilnahmen. So lernte ich die Kollegen aus dem Gast- und Kulturhaus kennen und schätzen. Nach einer weiteren Zwischenstation in Basel bekam ich die Möglichkeit, bei Michael Baader in *Teufels Küche* meine Fertigkeiten weiterzuentwickeln und ein Teil dieses einzigartigen Projekts zu werden.

Saiblingsfilet in Kräutervinaigrette mit Schwarzwurzelsalat

Rezept für 4 Personen

Saibling

4 x 60 g Saiblingsfilet ohne Haut,
entgrätet (möglichst grosse Fische,
800 g–1 kg)
ca. 50 ml Olivenöl
Szechuanpfeffer
Kräuter, z.B. Estragon, Kerbel, Rosmarin,
Thymian oder Salbei
Murray River Salt

Kräutervinaigrette

(für 1 Liter, gut auf Vorrat zu machen)
300 ml weisser Portwein
1 kleine Schalotte
½ Knoblauchzehe
25 g Meersalz
40 g Zucker
50 g Dijonsenf
3–4 Tropfen Chiliöl oder etwas Pfeffer
80 ml weisser Balsamicoessig
45 ml Reisessig, ungewürzt
220 ml Sonnenblumenöl
220 ml Olivenöl
220 ml Gemüsebrühe
Kräuter, z.B. Estragon, Kerbel, Rosmarin, Thymian oder Salbei

Schwarzwurzelsalat

50 g Karotten- oder Kürbisbrunoise,
blanchiert
500 g Schwarzwurzeln, ungeschält
(ca. 40 % Schälverlust)
etwas Zitronensaft und Milch

Für die Garnitur:
Blattsalate wie Frisée, Chicorée, Radic-
chio, Endivien oder Rucola, fein gezupft
50 g Sauerrahm, leicht abgeschmeckt
Kräuter, fein gezupft
Kürbiskerne, geröstet

Saibling

Backblech mit Olivenöl einpinseln, Saibling ohne Haut und entgrätet darauf setzen und Kräuterzweige reichlich um den Fisch verteilen. Mit Olivenöl bestreichen, leicht mit Szechuanpfeffer würzen und mit Klarsichtfolie um-hüllen (nicht darüber spannen, die Folie soll direkt am Filet haften). Back-ofen bei Unter-/Oberhitze auf 50 °C vorheizen und den Fisch je nach Grösse des Filets 20–25 Minuten garen, bis er glasig ist. Dabei sollte kein Eiweiss austreten. Der Fisch wird so sehr zart und saftig. Kurz vor dem Servieren mit Murray River Salt bestreuen.

Kräutervinaigrette

Portwein sehr langsam in einer Pfanne auf ein Viertel der Menge einköcheln. Währenddessen eine Schalotte und eine halbe Knoblauchzehe schälen, klein würfeln und mit dem reduzierten Portwein in einen Mixer geben. Ausser den Kräutern alle anderen Zutaten dazugeben und fein mixen. Nun die Kräuter waschen, gut ausschütteln, zupfen und dazugeben. Erneut gut mi-xen und eventuell noch nachwürzen.

Schwarzwurzelsalat

Karotten oder Kürbis in kleine Würfel schneiden und in kochendem Salzwasser al dente blanchieren. Schwarzwurzeln mit warmem Wasser gut waschen und schälen. In kaltes Wasser mit etwas Zitronensaft und Milch legen. Wasser in einem Topf zum Kochen bringen, kräftig salzen und die Schwarzwurzeln blanchieren, bis sie al dente sind. Danach in Eiswasser abschrecken und schräg in feine Scheiben schneiden. Karotten- oder Kürbisbrunoise hinzufügen und mit etwas Kräutervinaigrette marinieren.

Zum Garnieren mit dem abgeschmeckten Sauerrahm einen Kreis auf dem Teller ziehen. Schwarzwurzelsalat in der Mitte anrichten und Saibling darauflegen. Blattsalate und gezupfte Kräuter mit der Kräutervinaigrette marinieren und rundherum drapieren. Geröstete Kürbiskerne über den Blattsalat streuen und noch etwas Kräutervinaigrette über das Saiblingsfilet träufeln.

Teriyakipfanzl von Tiger Prawns und Maishuhn mit Gemüsecurry

Rezept für 4 Personen

Pfanzl

240 g Maishuhnbrust, ohne Haut

240 g Tiger Prawns, geschält und entdarmt

50 g Schalotten

Butter

30 g Ingwer

20 g Zitronengraspaste

1 rote Chilischote mit Kernen

1 grosses Ei

Thaibasilikum

Teriyakisauce mit Knoblauch

Salz

Gemüse mit roter Thaicurry-Sauce

(einen Tag vorher kochen, ergibt ca. 1 l Sauce, Überschuss kann eingefroren werden)

80 g Zwiebel

30 ml Pflanzenöl

60 g rote Thaicurrypaste

60 ml Sojasauce, naturally brewed

20 ml Austernsauce

200 ml Geflügelfond

1 l Kokosmilch

2 Knoblauchzehen

20 g Ingwer

2–3 Limettenblätter

Thaibasilikum, Stängel und Blätter

Salz

10 g Stärkepulver

2 Stangen Zitronengras

ca. 400 g Gemüse, geputzt und geschält (nach saisonalem Angebot z.B. Karotten, Pastinaken, Kürbis, Lauch und Weisskraut oder exotische Gemüse wie z.B. Mini-Auberginen, Thaispargel, Babymais, Pak Choi oder Bambussprossen)

Butter, Salz

100 g Shitake-Pilze

200 g Buchweizennudeln (Asialaden)

Butter

Für die Garnitur:

Thaibasilikumblätter, gezupft

fritierte Wan-Tan-Segel

Pfanzl

Es heisst tatsächlich «Pfanzl» und nicht «Pflanzerl»! «Zelten» ist ein altes deutsches Wort für Kuchen und «Pfannzelten» sind Kuchen aus der Pfanne. Die Maishuhnbrust und die Tiger Prawns in längliche Streifen schneiden und durch den Fleischwolf drehen. Tipp: Eine geschälte Karotte nachlaufen lassen, damit alles Fleisch aus der Maschine herauskommt. Sollte kein Fleischwolf zur Hand sein, können alternativ sehr kleine, feine Würfel geschnitten werden. Die Schalotten schälen, in Würfel schneiden und in etwas Butter hell anschwitzen. Abkühlen lassen und zusammen mit dem geriebenen Ingwer, Zitronengraspaste, gehacktem Chili, Ei und fein geschnittenem Thaibasilikum zum Gehackten dazugeben. Nun das Ganze gut miteinander vermengen bis es eine kompakte Masse ist. Mit Teriyakisauce und Salz abschmecken. 12 Bällchen à ca. 40 g formen, platt drücken und in der Pfanne bei mittlerer Hitze braten. Die Pfanzl sollten noch saftig sein.

Gemüse mit roter Thaicurry-Sauce

Die Thaicurry-Sauce einen Tag vorher kochen, damit das Zitronengras darin ziehen kann. Zwiebeln schälen, in Würfel schneiden und mit Öl gut anschwitzen, Currypaste hinzufügen und kräftig anbraten. Mit Soja- und Austernsauce ablöschen und mit Geflügelfond und Kokosmilch auffüllen. Nun die Knoblauchzehen schälen, den Ingwer fein schneiden, mit den Limettenblättern und den Stängeln vom Thaibasilikum zur Sauce hinzufügen und ca. 30 Minuten köcheln lassen. Mit Salz würzen und mit Stärkepulver leicht binden. Danach mixen und durch ein Haarsieb passieren. Zitronengras waschen, mit einem grossen Küchenmesser flachklopfen und über Nacht in der Sauce ziehen lassen. Kurz vor dem Servieren das Zitronengras herausnehmen, die Sauce erhitzen und die geschnittenen Blätter des Thaibasilikums untermischen.

Das Gemüse je nach Vorliebe in Streifen oder blättrig schneiden. In etwas Butter anschwitzen. Auberginen sollten separat kräftig gebraten werden, die übrigen Gemüse können je nach Garzeit nach und nach hinzugefügt werden. Dann das Gemüse in der Sauce ziehen lassen. Shitake-Pilze vom Stiel befreien und in Streifen schneiden, kurz kräftig in Butter anbraten und hinzufügen. Buchweizennudeln in kochendem Salzwasser al dente kochen, mit etwas Butter verfeinern und mit einer Fleischgabel zu einer Rolle drehen. Gemüsecurry mit Sauce anrichten und Pfanzl daraufleggen. Mit Thaibasilikum und Wan-Tan-Segel garnieren.

Schokoladentarte mit weisser Mousse und Gewürzbirne

Alle Komponenten sollten einen Tag vorher zubereitet werden.

Mürbeteig

230 g Mehl

150 g Butter

60 g Zucker

2 Eigelb

1 Prise Salz

ca. ½ Vanilleschote, Mark (oder gemahlene Vanille)

Schokoladenmasse

150 ml Milch

150 g Crème fraîche

90 g Zucker

130 g Valrhona Guanaja Grand Cru Schokolade (oder Kuvertüre mit 70 % Kakaoanteil)

etwas Tonkabohne, gemahlen oder gerieben

8 Eigelb

Schokoladenglasur

50 ml Milch

25 g Zucker

60 g Valrhona Guanaja Grand Cru Schokolade (oder Kuvertüre mit 70 % Kakaoanteil)

Weisse Schokoladen-Joghurt-mousse

100 g weisse Kuvertüre

15 g Butter

175 g Naturjoghurt

1 Eigelb

3 Gelatineblätter

1 Eiweiss

35 g Puderzucker, gesiebt

300 g Rahm

Gewürzbirne

1 Bio-Orange

1 Bio-Limette

ca. 30 g Zucker

ganze Gewürze, z. B. Nelke, Piment, Szechuanpfeffer, grüner Kardamom, langer Pfeffer, Sternanis, Zimtblüte oder Vanille

500 ml Birnensaft

2–3 Birnen

Stärkepulver

Raspeln von weisser und dunkler Kuvertüre, Minzblatt und etwas Vanillesauce zum Garnieren

Mürbeteig

Mehl sieben und mit den restlichen Zutaten zu einem Teig verkneten. Danach den Teig im Kühlschrank für ca. 1 Stunde ruhen lassen. Tarteformen am Boden mit Backpapier auskleiden. Dafür die Form aufs Papier stellen und mit einem scharfen Messer rundherum ausschneiden. Den Teig dünn ausrollen, dabei leicht mit Mehl bestäuben und dann die Form damit auslegen. Er sollte 2–3 mm dick sein. Überflüssigen Teig entfernen (kann auch für Plätzchen verwendet werden). Mit einer Gabel Löcher stupfen und dann nochmals ruhen lassen. Den Ofen vorheizen und bei ca. 150 °C 12 Min. blind backen.

Schokoladenmasse

Milch, Crème fraîche und Zucker aufkochen, vom Feuer nehmen und die gehackte Schokolade einrühren. Mit wenig geriebener Tonkabohne parfümieren. In die warme Masse das Eigelb einrühren und etwas abkühlen lassen.

Schokoladenglasur

Die Milch mit dem Zucker aufkochen und anschliessend die gehackte Kuvertüre einrühren. Die Masse sollte beim Abkühlen dickflüssig werden.

Tarte

Schokoladenmasse in die blind gebackene Form geben und bei 150 °C Unter/Oberhitze 10–15 Minuten backen, bis die Masse fest wird. Danach die Tarte abkühlen lassen. Schokoladenglasur dünn auf der Oberfläche verteilen und erneut abkühlen lassen.

Weisse Schokoladen-Joghurtmousse

Kuvertüre und Butter zusammen in einer Schüssel über einem Wasserbad schmelzen. Den Joghurt und das Eigelb verrühren, dann die flüssige Kuvertüre einrühren. Gelatine in kaltem Wasser einweichen und mit einem Spritzer Wasser warm auflösen, dann in die Masse rühren. Eiweiss mit dem Puderzucker zusammen cremig schlagen. Den Rahm ebenfalls steif schlagen. Beides unter die Masse heben und in eine lange, schmale Terrinenform füllen, die vorher mit Klarsichtfolie ausgelegt wurde (Form befeuchten, dann hält die Folie). Gut durchkühlen.

Gewürzbirne

Saft und Abrieb je einer halben Orange und Limette mit Zucker und den Gewürzen in einem Topf oder einer Pfanne karamellisieren. Mit Birnensaft ablöschen und etwas köcheln lassen, bis das Karamell sich aufgelöst hat. Birnen schälen, vierteln und das Kernhaus herausschneiden. Mit etwas Limettensaft marinieren. Im Fond gar köcheln und auf einem Blech auskühlen lassen. Den Fond mit etwas Stärkepulver leicht binden. Birnen erst in den Fond geben, wenn beide Komponenten abgekühlt sind, da sonst die Früchte zu stark nachgaren. Mit den Gewürzen über Nacht durchziehen lassen. Vor dem Anrichten die Gewürze entfernen.

Ein Feuerwerk aus Schokolade und Gewürzen! Die Tarte in Ecken schneiden, die Mousse stürzen und in Scheiben oder Stücke schneiden. Mit der Vanillesauce einen kleinen Spiegel mittig giessen und die Tarte daraufsetzen. Auf einer Seite die Mousse ansetzen und auf der anderen Seite die Birne fächerförmig anrichten. Tarte mit weissen und Mousse mit dunklen Schokoladenraspeln bestreuen und mit einem Minzblatt garnieren.

Gegrillter Hokkaido mit zerschmolzenem Ziegenkäse und Rucola

—

Gruyère Poularde a la cacciatore mit Peperonipolenta

—

Topfenomeletten mit Zwetschgenröster und Zimtblütenglace

Jürgen Krohz

In *Teufels Küche* von März 1994 bis Dezember 1998

1994 kam ich mit meiner damaligen Freundin und jetzigen Frau nach Basel zum *Teufelhof*. Davor hatte ich schon etliche Stationen in renommierten Häusern der Sternegastronomie hinter mir, unter anderem in Steinheuers Restaurant *Zur Alten Post* in Bad Neuenahr, im Restaurant *Bareiss* in Mitteltal, im *Hotel Bernina* in Samedan und im *Andresens Gasthof* in Bargum. Ursprünglich hatte ich nie geplant, so lange in Basel zu bleiben, doch schliesslich wurden es fünf Jahre, in denen ich die meiste Zeit als zweiter Küchenchef tätig war. Das besondere Betriebsklima im *Teufelhof* und die ganz besondere Art von Michael Baader prägen bis heute meinen Umgang mit Menschen. Es ist selten, dass in der Spitzengastronomie auch die Bedürfnisse und Eigenarten des Einzelnen beachtet werden. Auch das Verständnis für allerbeste Qualität und Frische, das von jeher ein Markenzeichen der *Teufelhof*-Küche gewesen ist, hat mich geprägt. Heute unterrichte ich an der Landesberufsschule für das Hotel- und Gaststättengewerbe, der Paul-Kerschensteiner Schule in Bad Überkingen. Nach fast 20 Jahren in der Sternegastronomie und Jahren in der Gemeinschaftsverpflegung geniesse ich es, mein Wissen an junge Menschen weiterzugeben und dazu beizutragen, dass die sehr schönen Berufe in der Gastronomie qualifizierten Nachwuchs bekommen. Während es in meiner Wanderzeit als Koch nur Kochen, Kochen, Kochen gab, haben sich die Prioritäten in meinem Leben mit der Zeit geändert. Jetzt stehen meine Frau und meine Kinder an erster Stelle. Dem *Teufelhof* wünsche ich viele angenehme, begeisterte Gäste, immer eine grosse Portion Freude an der Arbeit und noch viele «teuflisch» schöne Jahre!

Gegrillter Hokkaido mit zerschmolzenem Ziegenkäse und Rucola

Rezept für 4 Personen

Gegrillter Hokkaido

500 g Hokkaido

30 ml Olivenöl

4 Knoblauchzehen

¼ Chilischote

je 1 Zweig Rosmarin und Thymian

Zerschmolzener Ziegenkäse

360 g Ziegenkäse (Rolle)

40 ml Olivenöl

2 Knoblauchzehen

¼ Chilischote

je ½ Zweig Rosmarin und Thymian

30 g Honig

Rucola mit Vinaigrette

40 ml Olivenöl

1 unbehandelte Limone

Salz, Pfeffer aus der Mühle

1 Bd. Rucola

Für die Garnitur:

Schwarzer und heller Sesam

Granatapfelsirup

ein paar Crôutons

Kürbiskernöl

Gegrillter Hokkaido

Den Hokkaido waschen, putzen, entkernen und in 12 gleich grosse Stücke schneiden. Olivenöl in eine Schale geben, Knoblauch schälen und sehr fein schneiden. Die Chilischote waschen und klein schneiden, Rosmarin und Thymian waschen, zupfen und klein schneiden. Nun alles zusammen zu einer Paste verarbeiten. Den Hokkaido mit dieser Paste marinieren und über Nacht kalt stellen. Am nächsten Tag den Hokkaido salzen und kurz auf dem Grill braten. Wenn kein Grill vorhanden ist, in der Pfanne anbraten. Dann im Ofen bei 150 °C bissfest weiter garen.

Zerschmolzener Ziegenkäse

Den Ziegenkäse in 12 gleich grosse Scheiben schneiden. Die Marinade besteht aus den gleichen Zutaten wie für den Hokkaido, nur kommt noch etwas Honig hinzu. Den Käse damit marinieren und über Nacht kalt stellen. Am nächsten Tag den Ziegenkäse salzen und kurz im Ofen bei 170 °C etwas zum Schmelzen bringen.

Rucola mit Vinaigrette

Olivenöl in eine Schale geben. Von der Limone die Rinde mit einer Raspel abreiben, die Limone halbieren, ausdrücken und mit Salz und Pfeffer würzen. Den Rucolasalat waschen, mit der Vinaigrette marinieren und mit dem Ziegenkäse und dem gegrillten Hokkaido anrichten.

Mit Sesam, Granatapfelsirup, Crôutons und Kürbiskernöl garnieren.

Gruyère Poularde a la cacciatore mit Peperonipolenta

Rezept für 4 Personen

Gruyère Poularde

1 Gruyère Poularde
100 g Zwiebeln
4 Knoblauchzehen
8 Oliven schwarz, entsteint
4 Sardellenfilets
8 Kapern
200 g Steinchampignons
20 g Butter
1 Schalotte
125 ml Geflügeljus
12 getrocknete Tomaten
12 ganze Oliven schwarz, entsteint

Peperonipolenta

2 Mal zubereiten: einmal mit roten
und einmal mit gelben Peperoni
Einfaches Rezept:
2 Peperoni
250 ml Geflügelbouillon
50 g Zwiebeln
60 g Polenta
1 Knoblauchzehe
40 g Parmesan, gerieben
30 ml Rahm, geschlagen
etwas Olivenöl, Rosmarin und Thymian
Salz, Pfeffer

Gruyère Poularde

Die Poularde in ihre Bestandteile zerlegen und portionieren. Zwiebeln und Knoblauch schälen und in sehr feine Würfelchen schneiden. Die Oliven, Sardellen und Kapern ebenfalls sehr fein schneiden. Zusammenmischen und nochmals gut durchhacken, sodass daraus eine Paste entsteht. Die portionierte Poularde damit einreiben und über Nacht zugedeckt im Kühlschrank marinieren. Am nächsten Tag die Poulardenstücke salzen, mit der Paste auf der Haut anbraten und dann auf der Fleischseite bei 120 °C im Ofen 40–50 Minuten fertig garen lassen.

Die Champignons putzen, vierteln und mit Butter anbraten. Schalotte schälen, in sehr feine Würfelchen schneiden, kurz mit anbraten und mit dem Geflügeljus ablöschen. Danach kurz aufkochen lassen und die getrockneten Tomaten in feine Streifen geschnitten dazugeben. Zuletzt die Oliven und die fertig gegarten Poulardenstücke zugeben, kurz erhitzen und servieren.

Peperonipolenta

Die Peperoni waschen, Stiel und Kerne entfernen und grob zerkleinern. Mit der Geflügelbouillon zusammen sehr fein mixen. Zwiebeln schälen und in sehr feine Würfelchen schneiden, in Olivenöl anschwitzen und mit der Peperoni-Geflügelbouillon aufgiessen. Die Polenta, Kräuter, Gewürze sowie die halbierte Knoblauchzehe dazugeben. Das Ganze aufkochen, abdecken und 20 Minuten ziehen lassen. Anschliessend erneut erhitzen und mit Salz und Pfeffer würzen. Zum Schluss den Parmesan und den Rahm unterheben.

Topfenomeletten mit Zwetschgenröster und Zimtblütenglace

Rezept für 4 Personen

Topfenomeletten

250 g Topfen (Quark)

5 Eier

100 g Zucker

1 Vanilleschote

1 Zitrone, Saft und Abrieb

1 Orange, Saft und Abrieb

2 cl Zwetschgenschnaps

1 Prise Salz

90 g Mehl

etwas Butter zum Backen

Zwetschgenröster

240 g Zwetschgen, gewaschen, halbiert
und entkernt (Gewicht ohne Kerne)

1 Zitrone, Saft und Abrieb

1 Orange, Saft und Abrieb

1 Vanilleschote

100 ml Rotwein

60 g Zucker

1 Zimtstange

2 Nelken

1 Prise Salz

etwas Ingwer, grob geschnitten (ca. 10 g)

25 ml Zwetschgenschnaps

25 ml roter Portwein

Zimtblütenglace

500 ml Rahm

85g Zucker

1 Nelke

1 Prise Salz

Zimtblüten, zerstossen

1 Vanilleschote

1 Zitrone, Saft und Abrieb

1 Orange, Saft und Abrieb

6 Eigelb

Topfenomeletten

Die Eier für die Omeletten trennen und das Eiweiss in einer Schüssel kühl lagern. Das Eigelb in eine andere Schüssel geben und den Quark sowie 50 g Zucker dazugeben. Das Mark einer Vanilleschote ausschaben, der Masse beifügen und umrühren. Die Schalen der Zitrone und der Orange mit einer feinen Raffel über der Schüssel mit der Quarkmasse abreiben. Die beiden Zitrusfrüchte halbieren, den Saft auspressen und mit dem Zwetschgenschnaps ebenfalls beifügen. Eine Prise Salz zugeben und das Mehl dazusieben. Die Masse rühren, bis sie glatt ist.

Das Eiweiss aus dem Kühlschrank nehmen und in einer Schüssel zuerst schaumig, nicht zu Schnee schlagen. Danach mit den restlichen 50 g Zucker völlig steif schlagen, sodass die Masse beim Umkehren der Schüssel darin haften bleibt. Die Eiweiss-Zucker-Mischung vorsichtig mit einem Teigschaber unter die Quarkmasse heben.

In einer Bratpfanne etwas Butter erhitzen und die Topfenomeletten portionsweise anbraten (die Masse ergibt 4–6 Omeletten). Auf jeder Seite ein paar Minuten goldbraun anbraten und im 175°C vorgeheiztem Ofen ca. 10 Minuten weiterbacken. Die Omeletten aus dem Ofen nehmen und auf 4 Tellern anrichten. Auf jeweils einer Hälfte die Zwetschgenröster verteilen und die Omeletten zusammenklappen.

Zwetschgenröster

Für die Zwetschgenröster die Schale einer Zitrone und einer Orange mit einer feinen Raffel direkt in einen Topf reiben. Die Zitrusfrüchte danach halbieren, den Saft auspressen und ebenfalls in den Topf geben. Das Mark der Vanilleschote ausschaben und in den Topf geben. Den Rotwein mit dem

Zucker, der Zimtstange, den Nelken, der Prise Salz und dem grob geschnittenen und geschälten Ingwer ebenfalls in den Topf geben. Das Ganze nun kurz aufkochen, vom Herd nehmen und auf 40 °C abkühlen lassen. Dann den Zwetschgenschnaps und den Portwein zugeben. Die gewaschenen, halbierten und entkernten Zwetschgen in Einmachgläser abfüllen und den Sud durch ein Sieb in die Einmachgläser füllen. Die Gläser schliessen und für 15–20 Minuten bei 80 °C in den Steamer oder ins Wasserbad stellen.

Zimtblütenglace

Den Rahm mit dem Zucker, dem Salz, den Zimtblüten und der Nelke in einen Topf geben, aufkochen und vom Herd nehmen. Den Topf mit einem Deckel über Nacht ziehen lassen.

Das Mark der Vanilleschote, die Zitronen- und Orangenschale mit Saft sowie das Eigelb dazugeben. Alles in einer Schüssel auf einem Wasserbad zur Rose abziehen, das heisst, die Masse langsam und unter ständigem Rühren eindicken lassen, bis sich die Masse auf dem Kochlöffel zur Rose formt. Dazu den Kochlöffel in die Masse tauchen und auf den Löffelrücken pusten. Die Masse sollte mindestens 82 °C haben. Durch ein feines Haarsieb passieren und in einer Glacemaschine frieren. Sollte keine Glacemaschine zur Verfügung stehen, die Masse in ein gefriertaugliches Gefäss geben und mindestens 4 Stunden einfrieren. Jede Stunde die Glace kurz umrühren.

Aschis Rindstatar mit Randen und griechischem Joghurt

—

Steinbuttfilet mit Pfifferlingen und Amalfi-Zitrone

—

In Riesling geschmorte Bio-Pouletschenkel

Aschi Zahnd

In *Teufels Küche* seit Mai 1994

Ich bin ein leidenschaftlicher und stolzer Berner. Und ich interessiere mich für guten Wein, im *Teufelhof* wie auch in meiner Freizeit. Zugegebenermassen gehe ich auch gerne Schuhe und Kleider einkaufen, doch meine grösste Leidenschaft ist das Kochen. Ich koche nicht nur gerne bei der Arbeit, sondern auch zu Hause für Freunde und Familie. Zu Hause koche ich dann gerne so richtig «währschaft». Süsses hingegen ist nicht so mein Ding, aber mittlerweile esse ich ab und zu auch einmal etwas Süsses. Da habe ich mich wohl ein bisschen von Michael Baader beeinflussen lassen. Besonders wichtig sind mir in der Küche frische Produkte und die bestmögliche Qualität. Ich schätze es sehr, dass wir im *Teufelhof* alles von Grund auf selber machen, so mache ich es auch in der Küche zu Hause. Nach meiner ersten Woche im *Teufelhof* ging ich mit gemischten Gefühlen in meine Heimat Erlach zurück. Am Mittagstisch mit der Familie sagte ich damals in die Runde: «Da bleibe ich nicht lange, ich suche mir etwas Neues.» Dieses Jahr sind es 20 Jahre, die ich nun im *Teufelhof* bin. Was soll man da noch sagen … Viele Kollegen behaupten ja, wir seien wie ein altes Ehepaar, Michael Baader und ich, und das sind wir von Zeit zu Zeit auch. Das ist wohl so, wenn man 20 Jahre lang Seite an Seite gearbeitet hat.

Aschis Rindstatar mit Randen und griechischem Joghurt

Rezept für 4 Personen

Rindstatar

300 g Rindshuft ohne Sehnen

1 kleine Schalotte

2 Essiggurken

10 Kapern

4 KL Blattpetersilie

2 Bio-Eigelb

2 EL Ketchup

1 cl Cognac

1 TL Paprikapulver

Salz, Pfeffer, Tabasco

1 EL Puderzucker

Randen

200 ml Essig

200 ml Randensaft

200 g Zucker

½ Lorbeerblatt

1 Sternanis

1 Rande

5 g Agar Agar

Salz

Griechischer Joghurt

150 ml Joghurt

Zitronensaft

Salz, Pfeffer aus der Mühle

Rindstatar

Rindshuft mit einem scharfen Messer zu Tatar schneiden. Schalotten schälen und fein würfeln. Essiggurken ebenfalls fein würfeln, Kapern und Blattpetersilie fein hacken. Dann alles miteinander vermengen. Nun Eigelb und Ketchup dazugeben und mit Salz, Pfeffer, Paprikapulver, Tabasco und Cognac abschmecken. Etwas Puderzucker dazugeben, so bleibt die Farbe länger schön. In vier Servierringe (Metallringe) geben, um das Tatar schön in Form zu bringen und kalt stellen.

Randen

Essig, Randensaft, Zucker, eine Prise Salz, Lorbeerblatt und Sternanis in einem Topf aufkochen. Rande waschen und im Fond 50–60 Minuten weichkochen. Danach im abgekühlten Fond 24 Stunden liegen lassen.
Am nächsten Tag die Rande aus dem Fond nehmen und kalt stellen. 500 ml des Fonds mit Agar Agar mischen und 2 Minuten köcheln lassen. Dann durch ein Sieb giessen, auf einem kleinen Blech gelieren lassen und Kreise ausstechen. Nun die Rande schälen und mit einem grossen Kugelausstecher Kugeln formen.

Griechischer Joghurt

Joghurt und Zitronensaft miteinander gut vermischen und mit Salz und Pfeffer aus der Mühle abschmecken.

Tatar auf Teller setzen, Metallringe abnehmen, mit Randengelée, Randenkugeln und dem griechischen Joghurt anrichten.

Steinbuttfilet mit Pfifferlingen und Amalfi-Zitrone

Rezept für 4 Personen

Steinbuttfilet

4 Filets vom Steinbutt à 150 g

weisser Pfeffer aus der Mühle

100 g Butter

2 kleine Schalotten

100 ml Weisswein

3 cl weisser Portwein

100 ml Fischfond

100 ml Rahm

1 KL Maizena

1 Prise Piment d'Espelette

50 ml Olivenöl

Meersalz

1 EL gewürfelte Schale von eingelegten Salz-Amalfi-Zitronen (im Teufelhof legen wir selber Amalfi-Zitronen ein)

Pfifferlinge

300 g kleine Pfifferlinge

Butter

3 Lauchzwiebeln

Salz, Pfeffer

Steinbuttfilet

Schalotten schälen, in feine Würfel schneiden und in etwas Butter schwach andünsten. Mit Weisswein und Portwein ablöschen und zur Hälfte einkochen. Dann Fischfond und Rahm dazugeben und erneut bis zur Hälfte einkochen. Maizena mit wenig Weisswein anrühren und die Sauce auf die gewünschte Konsistenz abbinden. Zum Schluss mit Piment d'Espelette und Salz abschmecken.

Steinbuttfilets mit Salz und Pfeffer würzen und direkt in einer vorgeheizten Pfanne in Olivenöl anbraten, wenden, etwas Butter hinzufügen und allenfalls 1 Minute weiterbraten. Die Steinbuttfilets sollten noch glasig sein.

Pfifferlinge

Pfifferlinge putzen und in Butter anschwitzen. Lauchzwiebel waschen, fein schneiden, hinzufügen und mit Salz und Pfeffer würzen.

Fisch, Pfifferlinge und Lauchzwiebel auf dem Teller anrichten. Die Sauce aufmixen, Zitronenschale dazugeben, Sauce am Tellerrand verteilen und den Rest separat reichen. Dazu passen Kartoffelgnocchi oder Kartoffelpüree hervorragend.

In Riesling geschmorte Bio-Pouletschenkel

Rezept für 4 Personen

8 Bio-Pouletschenkel

50 g Bratbutter

200 g Saucenzwiebel

300 g kleine Champignons

200 g roher Speck

750 ml Weisswein (Riesling)

3 cl Cognac oder Sherry

½ Bio-Zitrone

1 Lorbeerblatt

2 Nelken

10 weisse Pfefferkörner

Salz, Pfeffer aus der Mühle

1 EL Mehl

1 TL Maizena

Bio-Pouletschenkel halbieren. Saucenzwiebel schälen, Champignons putzen und mit dem Speck in Würfel schneiden. Pouletschenkel mit Salz und Pfeffer würzen, mit Mehl bestäuben und in Bratbutter schwach anbraten. Die Hälfte von den Zwiebeln, den Champignons und dem Speck auf dem Boden eines Bräters oder einer Gratinform verteilen. Nun die Pouletschenkel darauflegen und mit der anderen Hälfte der Zwiebeln, Champignons und des Specks bedecken. Die Flasche Riesling dazugiessen und die Gewürze in einem Teesieb beifügen.

Alles zusammen bei 180 °C im Ofen bei Unter- und Oberhitze 40–50 Minuten schmoren. Eventuell Wein oder Wasser nachgiessen. Nach der Hälfte der Zeit mit Alufolie abdecken.

Am Schluss die Sauce mit Salz, Pfeffer und Zitronensaft abschmecken und mit Cognac verfeinern. Maizena mit wenig Flüssigkeit verrühren und die Sauce damit abbinden.

Dazu passen Nudeln in jeglicher Art und Form.

«Ceviche» von Langostinos mit Kohlrabisalat und Rhabarber

Senfrostbraten mit Rosmarinkartoffeln, Pfirsich und Steinpilzen

Himbeertarte mit Verveineschaum und gelbem Peperonisorbet

Sven Feldmann

In Teufels Küche von November 1995 bis März 1998

Meine Küche ist diszipliniert, ehrlich, frisch, idealistisch, neugierig, rebellisch und lecker. Lebensmittel in den Händen zu halten, ist ein Geschenk und das Beste daraus herauszuholen, eine Kunst. Das bewegt mich schon seit ich meiner Mutter und meiner Oma vom Treteimer aus beim Kochen zugeschaut habe.

Durch Mundpropaganda bin ich zum «Teufel» geworden und mich haben von Anfang an die Atmosphäre, die Verbindung von Kunst, Theater und Kulinarik sowie das internationale Team begeistert. Durch Michael Baader habe ich nicht nur gelernt, wie man aussergewöhnlich kocht, sondern auch, wie wichtig es ist, ein Team zu bilden. Ich habe Cricket gelernt, Dart gespielt, Kajakfahren ausprobiert, mich an Squash und Badminton versucht und bin im Brunnen gelandet. Gekocht haben wir auch, mit viel Spass. Dass es eine neue Küchentür gab, daran war ich nicht ganz unbeteiligt. Die alte ist meinem Wutausbruch über eine verbrannte Hand zum Opfer gefallen. Als Küchenchef ist Michael Baader ein Vorbild für mich dafür, wie eine Küche erfolgreich geführt werden kann. Küchenarbeit ist Engagement, Herausforderung, Meditation und Sport auf einmal.

«Ceviche» von Langostinos mit Kohlrabisalat und Rhabarber

Rezept für 4 Personen

Ceviche
300 g Langostinoschwänze, ohne Schale
und Darm
50 ml Limettensaft
Salz, Pfeffer

Kohlrabisalat
300 g Kohlrabi
100 g Rhabarberkompott
2 Limetten
50 g Zucker
Korianderblätter
Salz, Pfeffer

Shisokresse zum Garnieren

Ceviche
Die Langostinoschwänze leicht klopfen und mit Limettensaft, Salz und Pfeffer roh marinieren. Danach kühl stellen.

Kohlrabisalat
Die Kohlrabis waschen und schälen. In dünne Scheiben und in Streifen schneiden, sodass sie wie Bandnudeln aussehen. Hierfür ist eine Aufschnittmaschine oder ein Küchenhobel geeignet. Den Rhabarberkompott in eine Schüssel geben, die Limetten halbieren, auspressen und Zucker sowie fein gehackten Koriander zum Saft geben. Mit Salz und Pfeffer abschmecken und alles gut miteinander vermischen. Den Kohlrabi darin marinieren und 30 Minuten stehen lassen.

Den Salat auf Tellern anrichten, die Langostinoschwänze darauflegen und mit Shisokresse verzieren.

Senfrostbraten mit Rosmarinkartoffeln, Pfirsich und Steinpilzen

Rezept für 4 Personen

Senfkruste

65 g weiche Butter
4 Scheiben Toastbrot
2 Schalotten
1 Knoblauchzehe
1 EL Blattpetersilie
1½ EL Pommery Senf
1 EL Tafelsenf
1 EL Honig
Olivenöl
Salz

Senfrostbraten

4 Kalbsfiletmedaillons à je 120 g
etwas Bratbutter
Salz, Pfeffer

Rosmarinkartoffeln

400 g La-Ratte-Kartoffeln
je Kartoffel eine Scheibe Pancetta
je Kartoffel ein kleiner Zweig Rosmarin
Salz, Pfeffer

Steinpilz-Pfirsich-Gemüse

2 Steinpilze
2 Pfirsiche
20 g Butter
1 Prise Zucker
Salz, Pfeffer

Senfkruste

Butter in eine Schüssel geben und bei Zimmertemperatur weich werden lassen. Die Rinde vom Toastbrot entfernen und in sehr kleine Würfelchen schneiden. Schalotten und Knoblauch schälen, ebenfalls in sehr kleine Würfelchen schneiden und in einer Pfanne mit etwas Olivenöl glasig anziehen. Die Blattpetersilie fein hacken und danach alles mit der Butter vermischen. Dazu Pommery Senf, Tafelsenf und Honig geben, mit etwas Salz abschmecken und alles gut vermischen. Die Masse auf ein Pergamentpapier legen und zu einer Rolle von ca. 6 cm Durchmesser formen. Bis zur Weiterverarbeitung im Kühlschrank aufbewahren.

Senfrostbraten

Die Medaillons mit Salz und Pfeffer beidseitig würzen und kurz anbraten. Danach im Ofen bei 180 °C 8–10 Minuten rosa garen. 4 Scheiben der Senfkruste à je ca. 0,5 cm Dicke schneiden und auf die Medaillons legen. Nur mit Oberhitze oder unter einem Salamander gratinieren, danach gleich servieren.

Rosmarinkartoffeln

Die gewaschenen Kartoffeln im Salzwasser weichkochen, kurz mit kaltem Wasser abschrecken und gleich schälen. Die Kartoffeln jeweils mit einem Rosmarinzweig in einer Scheibe Pancetta einwickeln und mit etwas Öl in einer Pfanne anbraten. Danach mit Salz und Pfeffer würzen und servieren.

Steinpilz-Pfirsich-Gemüse

Steinpilze putzen und in Würfel schneiden. Die Pfirsiche waschen, die Haut mittels Sparschäler schälen und ebenfalls würfeln. Nun die Steinpilze in Butter anbraten, danach die Pfirsiche und den Zucker hinzufügen und alles kurz dünsten. Mit Salz und Pfeffer abschmecken und anrichten.

Himbeertarte mit Verveineschaum und gelbem Peperonisorbet

Rezept für 4 Personen

Himbeertarte

80 g Quark

80 g Butter

80 g Mehl

1 Prise Salz

300 g Himbeeren

2 EL Maisstärke

1 Zitrone, Abrieb und Saft

125 g Mascarpone

125 g Crème fraîche

1 Ei

1 TL Vanillepuddingpulver

2 TL Vanillezucker

30 g Zucker

Verveineschaum

350 ml Milch

20 g Verveineblätter

60 g Zucker

10 g Lecithin

Peperonisorbet

1,5 kg gelbe Peperoni

2 Gelatineblätter

100 ml Kokosmilch

250 g Glukosesirup

35 g Zucker

25 ml Zitronensaft

Himbeertarte

Den Quark, die Butter, das Mehl und das Salz verkneten und in Frischhaltefolie ca. 3 Stunden kalt ruhen lassen. Den Teig danach ausrollen, ineinander einschlagen und erneut ausrollen. Die Backform mit dem Teig auslegen. Die Himbeeren und die Maisstärke vorsichtig mischen und auf dem Teig verteilen. Die restlichen Zutaten glattrühren und über die Himbeeren giessen. Die Tarte im vorgeheizten Ofen bei 200 °C ca. 40 Minuten backen.

Verveineschaum

Alle Zutaten ausser dem Lecithin kurz aufkochen, vom Herd nehmen und ca. 10 Minuten ziehen lassen. Danach die Flüssigkeit durch ein Sieb passieren. Das Lecithin bei 70 Grad einrühren, bis es sich aufgelöst hat und abkühlen lassen. Vor dem Servieren alles kurz mit einem Pürierstab zu Schaum aufmixen.

Peperonisorbet

Die Peperoni waschen, Stiel und Kerne entfernen und entsaften. Es sollte ca. 500 ml Paprikafond ergeben. Die Gelatine in kaltem Wasser einweichen. Die Kokosmilch in einem Topf erwärmen und die ausgedrückte Gelatine darin auflösen. Den Glukosesirup in einem Topf erwärmen und mit den restlichen Zutaten und der Kokosmilch vermischen. Danach in der Glacemaschine frieren. Wer keine Glacemaschine hat, kann die Masse in einem Gefäss in den Tiefkühler stellen und für mindestens 4 Stunden einfrieren. Dabei jede Stunde das Sorbet gut verrühren.

Maronisüppchen mit gebratenen Rehfiletstreifen

Geschmorte Schweinebäckchen auf Kürbis-Linsengemüse

Halbflüssiger Schokoladenkuchen mit glasierter Pfeffer-Ananas

Claudia Scharff

In *Teufels Küche* von Mai 1996 bis November 1997

Ich bin 1972 in Ravensburg geboren und als Gastronomentochter im Landgasthof meiner Eltern in Hasenweiler aufgewachsen. 1989 entschloss ich mich zu einer Ausbildung als Köchin im *Hotel Krone* in Schnetzenhausen am Bodensee. Berufs- und Lebenserfahrung sammelte ich unter anderem im *Hotel Eisenkrug* in Dinkelsbühl, wo ich meinen Mann Peter, ebenfalls ein Gastronomenkind, kennenlernte, im *Hotel Ermitage* in Schönried, im *Teufelhof* in Basel und im *Landhotel Rottner* in Nürnberg. Der *Teufelhof* war die längste Station auf meiner Wanderschaft und das lag mitunter an der für mich revolutionären Art und Weise, wie mit Lebensmitteln, mit den Jahreszeiten, der Kartengestaltung und besonders mit den Mitarbeitern umgegangen wurde. Nie wieder habe ich so regelmässig gegessen und zusammengesessen wie zu dieser Zeit! Michael Baader hat mit seinem enormen Fachwissen einerseits und seinem ebenso hohen menschlichen Interesse andererseits ein Betriebsklima geschaffen, dem ich so in der Gastronomie nie wieder begegnet bin. Er war mitreissend. Meine Wanderjahre schloss ich mit der Küchenmeisterprüfung in Rothenburg ob der Tauber ab, um dann zur Überraschung aller eine steile Karriere als Mutter von einem grossartigen Zwillingspärchen zu beginnen. Mein Mann und ich gingen 2001 nach Kaiserslautern, wo sich durch die Freundschaft zu einem ortsansässigen Kräutergärtner ungeahnte Möglichkeiten ergaben: Über 200 Sorten Kräuter, davon schon zwölf verschiedene Basilikumsorten, prägten unsere Kochpraxis nachhaltig. Nach sechs Jahren gründeten wir unsere Firma «Kulinarische Kompetenz», die sich spezialisiert hat auf Catering, Rezepturerstellung, Consulting und Kochkurse, schwerpunktmässig natürlich mit frischen Kräutern und Gewürzen. Mein Aufgabengebiet wurde dabei um einen nicht unwesentlichen administrativen Teil erweitert. Inzwischen haben wir uns am Stadtrand von Kaiserslautern eine Event-Location eingerichtet für Kochkurse, kleinere Feiern, Besprechungen und Geschäftsessen, inklusive der Möglichkeit von Schulungen jeder Art. Jetzt ist es an mir, ein Betriebsklima zu schaffen, in dem sich alle wohlfühlen – wie im *Teufelhof*.

Maronisüppchen mit gebratenen Rehfiletstreifen

Rezept für 4 Personen

Maroni

500 g Maroni, gekocht und geschält

Nussbutter

25 g Butter

Karamellzucker

50 g Zucker
150 ml heisses Wasser

Suppe

80 g Schalotten
50 g Butter
50 ml Madeira
50 ml Sherry
5 g grobes Meersalz
1 l kräftiger Geflügelfond
250 ml Rahm

Einlage

2 Rehfilets, ca. 200 g
20 g Butterfett
Salz, Pfeffer
1 Thymianzweige
Cognac und Schlagrahm

Maroni

Vor der Zubereitung die Maroni mit einem scharfen Messer auf der bauchigen Seite einritzen. Die Maroni ca. 30 Minuten im Ofen bei 220 °C rösten. Ein Gefäss mit Wasser in den Ofen stellen, um das Austrocknen der Maroni zu vermeiden. Alternativ können die Maroni auch ca. 15 Minuten im heissen Wasser gekocht werden. Bei dieser Zubereitungsart gehen aber einige Geschmacksstoffe verloren. Es gibt auch fertige gekochte Maroni als Tiefkühlprodukt. 6 Stück der gekochten Maroni beiseite stellen und in Würfel schneiden. Diese werden später als Einlage gebraucht.

Nussbutter

Butter in ein kleines Kochgefäss geben, schmelzen lassen und köcheln, bis die Butter leicht braun ist. So bekommt sie einen nussigen Geschmack. Dann durch ein Sieb giessen und beiseite stellen.

Karamellzucker

Den Zucker bei mittlerer Hitze in eine Pfanne geben und schmelzen lassen. Wenn der Zucker einen karamellfarbigen Ton annimmt, wird das heisse Wasser dazugegeben. Mit einem Kochlöffel umrühren und ca. 10 Minuten leicht köcheln lassen, um den Karamell aufzulösen.

Suppe

Die Schalotten schälen und in Streifen schneiden. Butter in einen flachen Topf geben, die Schalottenstreifen dazugeben und ca. 10 Minuten ohne Farbe auf leichter Hitze anschwitzen. Danach mit Madeira und Sherry ablöschen. Nun mit dem Meersalz würzen, die gekochten Maroni hinzufügen und den Karamellzucker, den Geflügelfond sowie den Rahm zugeben. Zirka 25 Minuten unter ständiger Beobachtung köcheln lassen. Dann das Ganze in einen Mixer geben und während dem Mixen die warme Nussbutter zulaufen lassen. Die Suppe wird nun durch ein feines Sieb passiert.

Einlage

Die Rehfilets mit Salz und Pfeffer würzen und in einer Pfanne mit dem Thymianzweig im Butterfett kurz und kräftig anbraten. Danach auf einen Teller legen und für ca. 3 Minuten an einem warmen Ort ruhen lassen.

Vor dem Anrichten die Filets in Tranchen schneiden und in die Suppentasse geben. Mit heisser Suppe auffüllen, die vorher mit gutem Cognac und Schlagrahm verfeinert wird.

Geschmorte Schweinebäckchen auf Kürbis-Linsengemüse

Rezept für 4 Personen

Geschmorte Schweinebäckchen

8 Schweinebäckchen, geputzt
Meersalz, Pfeffer aus der Mühle
Baharat (Gewürzmischung aus schwarzem Pfeffer, Paprika, Kreuzkümmel, Gewürznelke, Korianderkörner, Schwarzkümmel, Chili, Macis, Knoblauch und Kardamomsaat)
4 EL Butterfett
2 Zwiebeln
1 Knoblauchzehe
1 Karotte
½ TL Fenchelsamen
4 Zweige Thymian
1 Lorbeerblatt
1 l Rinderbouillon
500 ml Starkbier
1 TL Weizenstärke
4 cl Bier

Kürbis-Linsengemüse

½ Zwiebel
400 g Hokkaido
½ Stange Lauch
2 EL Olivenöl
400 g Berglinsen
3 TL Nam Prik (Chili-Knoblauch-Soja-Würzpaste)
feines Meersalz, Pfeffer
ca. 1 l kräftige Bouillon
1 TL Weizenstärke
5 cl Sojasauce

150 g Gnocchetti-Nudeln
Olivenöl
ca. 30 ml alter Balsamico
1 kleiner Bund glatte Petersilie

Geschmorte Schweinebäckchen

Die Schweinebacken abwaschen, mit einem Haushaltstuch trocken tupfen und mit Meersalz, Pfeffer und wenig Baharat würzen. In einer Pfanne das Butterfett erhitzen, die Schweinebäckchen darin beidseitig hellbraun anbraten und wieder aus der Pfanne nehmen. Zwiebeln schälen und in breite Spalten schneiden, Knoblauch schälen und halbieren, Karotte waschen, schälen und grob in Würfel schneiden. Alles in dieselbe Pfanne geben und kurz andünsten. Die Schweinebacken mit dem Gemüse in einen Kochtopf geben. Dann Fenchelsamen, Thymian und das Lorbeerblatt dazugeben. Mit der Rinderbouillon und dem Starkbier auffüllen, einmal aufkochen und abgedeckt für ca. 1 Stunde im Ofen bei 180 °C weich schmoren. Die Bäckchen gelegentlich wenden. Anschliessend die Schweinebäckchen entnehmen, an einem warmen Ort gedeckt ruhen lassen, den Fond durch ein Sieb passieren und bis auf die gewünschte Menge reduzieren. Die Weizenstärke im kalten Bier glatt rühren und je nach gewünschter Konsistenz die Stärke mittels Schneebesen in die heisse Sauce einrühren. Dabei muss sie mindestens einmal aufgekocht werden. Die Bäckchen in der Sauce glasieren und anrichten.

Kürbis-Linsengemüse

Zwiebel schälen und in feine Würfel schneiden. Hokkaido schälen, putzen und in ca. 5 mm grosse Würfel schneiden. Lauch waschen und in feine Streifen schneiden. Die Zwiebelwürfel mit Olivenöl in einem Topf glasig dünsten, Kürbis und Linsen zugeben und mit Nam Prik, Meersalz und Pfeffer würzen. Mit der Bouillon auffüllen und garköcheln lassen. Weizenstärke und Sojasauce vermengen und unter ständigem Rühren damit das Gemüse leicht abbinden. Wenn das Gemüse eine schön schlotzige Konsistenz aufweist, den rohen Lauch zugeben.

Die Nudeln in reichlich gesalzenem, kochendem Wasser bissfest kochen. Dann abgiessen, mit Meersalz und 1 EL Olivenöl vermengen und unter das Kürbisgemüse geben. Kurz vor dem Anrichten nochmals mit frisch gemahlenem Pfeffer, erfrischendem Balsamico, etwas Baharat und gegebenenfalls Meersalz nachschmecken.

Die Schweinebäckchen tranchieren und im tiefen Teller auf dem Gemüsebeet anrichten. Mit frisch gezupfter Petersilie bestreuen und servieren.

Halbflüssiger Schokoladenkuchen mit glasierter Pfeffer-Ananas

Rezept für 6 Personen

Halbflüssiger Schokoladenkuchen

125 g Butter (Zimmertemperatur)

40 g Zucker

½ Vanilleschote

2 Eier

2 Eigelb

25 g Mehl

120 g flüssige Valrhona-Araguani-Kuvertüre (alternativ ca. 70% dunkle Kuvertüre)

1 Prise feines Meersalz

½ TL geschrotete Kakaobohnen

Glasierte Pfeffer-Ananas

1 reife Ananas

3–5 EL Rohrzucker (je nach gewünschter Süsse)

1 Vanilleschote

6 g Szechuan-Pfeffer, frisch gemahlen und gesiebt

20 g frischer Ingwer, geschält und gerieben

1 Zitrone, Saft

4 cl brauner Rum

40 g Butter

1 Stängel frischer Minze

Halbflüssiger Schokoladenkuchen

Die Butter, das Meersalz und den Zucker in eine Schüssel geben. Das Vanillemark aus der Schote schaben und in die Schüssel geben. Die Masse mit der Küchenmaschine oder dem Handmixer schaumig schlagen. Die beiden Eier und die beiden Eigelbe miteinander verquirlen und abwechselnd mit etwas gesiebtem Mehl in die laufende Maschine bzw. zum Mixen geben. Die Kuvertüre im heissen Wasserbad schmelzen und die flüssige Kuvertüre vorsichtig in die Masse einarbeiten. Den Backofen vorheizen und bei 200 °C ca. 8 Minuten lang in ausgefetteten Gläsern, Tassen oder hitzestabilen Förmchen backen, sodass ein warmer, flüssiger Schokoladenkern erhalten bleibt.

Glasierte Pfeffer-Ananas

Die Ananas von Strunk und Schale befreien und in ca. 0,5 cm dicke Viertelscheiben schneiden. Den braunen Zucker trocken in einer Pfanne schmelzen und karamellisieren lassen. Das Mark und die Schale der Vanilleschotte, den Pfeffer, die Ananasscheiben, den Ingwer und den Zitronensaft in die Pfanne zugeben und mit dem Rum ablöschen. Nun die Butter mit dem Stängel der Minze zugeben und die Ananas durch gleichmässiges Schwenken der Pfanne bei mittlerer Hitze je nach Belieben der Bissfestigkeit 3–5 Minuten glasieren.

Den halbflüssigen Schokoladenkuchen auf die arrangierten Ananasscheiben setzen, mit Minze garnieren und auf Wunsch mit einer Kugel Vanilleglace servieren.

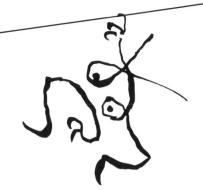

Carpaccio vom Wildlachs und Heilbutt

———

Kalbsmilken mit Champagnersauce und Spinatravioli

———

Pfirsichschnitte mit Tobleronemousse und Orangensauce

Laurent Grenouillet

In *Teufels Küche* von April 1997 bis Juni 2001

Ich bin ein französischer Koch aus dem Elsass und der festen Überzeugung, dass ich mir den schönsten Beruf der Welt ausgesucht habe. Kochen ist für mich wie Musik spielen: Die Noten sind die Zutaten und das Essen ist die Sinfonie.

Vier Jahre meines Lebens habe ich mit der Küchenbrigade von Michael Baader im *Teufelhof* verbracht und ich muss sagen, es war wie eine zweite Familie. Michael Baader war viel mehr als ein aussergewöhnlicher Chef, er war ein Lehrer und ein Freund. Nach meiner Ausbildung habe ich eine Stelle als Commis im *Restaurant Jean Schillinger* in Colmar angenommen. Heute bin ich Küchenchef bei der Basler Personenschifffahrt AG (BPG). Ich koche, weil es einer der wenigen Berufe ist, bei denen man all seine Sinne einsetzen kann und auch alle Sinne arbeiten müssen: Hören, Sehen, Fühlen, Riechen und Schmecken.

Carpaccio vom Wildlachs und Heilbutt

Rezept für 4 Personen

Carpaccio

300 g Lachsfilet, ohne Haut und Tran
200 g Heilbuttfilet, sauber pariert

Kartoffeln

5 Stück Kartoffeln, mittlere Grösse,
gewaschen und geschält
200 g Doppelrahm
20 g Kaviar (Sorte nach Belieben)

Für die Garnitur:
100 ml Olivenöl, kalt gepresst
1 Limette, entsaftet
Meersalz, Pfeffer aus der Mühle
1 Lollo rosso, gewaschen und gezupft
1 Friséesalat, gewaschen und gezupft
1 Bund Dill, gezupft
rosa Pfeffer aus der Mühle

Carpaccio

Lachs und Heilbutt in dünne Scheiben schneiden und auf eine ausgebreitete Klarsichtfolie legen. Eine weitere Folie darauflegen und vorsichtig leicht plattieren. Nun die Scheiben kalt stellen bis zum Anrichten.

Kartoffeln

Kartoffeln oben und unten etwas abschneiden, damit sie gut stehen. Von oben vorsichtig aushöhlen und gleich im Salzwasser abkochen. Die Kartoffeln sollten gerade gar und zum Anrichten noch lauwarm sein. Deswegen kurz vorher mit Doppelrahm füllen und den Kaviar oben drauf setzen.

Die Teller mit Olivenöl dünn einstreichen und etwas Salz und Pfeffer darauf geben. Die Fischscheiben nach Belieben zurechtschneiden (dabei die Abschnitte eventuell als Tatar weiterverarbeiten) oder die Scheiben wie geschnitten auf die Teller verteilen. Mit Olivenöl und Limettensaft beträufeln und mit Salz und Pfeffer würzen. Dann die Kartoffeln in die Mitte stellen und mit den Salatblättchen und dem Dill garnieren. Zum Schluss etwas rosa Pfeffer darübermahlen.

Kalbsmilken mit Champagnersauce und Spinatravioli

Rezept für 4 Personen

Kalbsmilken

600 g Kalbsmilken, gut gewässert

150 g Zwiebeln, geschält und gewürfelt

100 g Karotten, geschält und gewürfelt

50 g Sellerieknollen, geschält und gewürfelt

50 g Lauch (nur das Weisse), gewaschen

100 ml Weisswein, trocken

2 Thymianzweige

1 Lorbeerblatt

1 Nelke

etwas Mehl

60 g Bratbutter

Salz, Pfeffer aus der Mühle

4 Scheiben Speck, 2 mm dick geschnitten

Champagnersauce

60 g Schalotten, geschält

200 g kalte Butterwürfel

200 ml Champagner

400 ml Kalbsmilkenfond

Spinatravioli

Teig:

200 g Mehl

100 g Griess, fein gemahlen

3 Eigelb

3 cl Olivenöl, kalt gepresst

4 cl Wasser

Salz

Füllung:

20 g Butter

½ Knoblauchzehe, fein gehackt

500 g Blattspinat, gewaschen und ausgeschüttelt

Salz, Pfeffer, Muskat

1 Eigelb

Faves Bohnen

300 g Faves Bohnen

20 g Butter

Salz, Pfeffer aus der Mühle

Kalbsmilken

Zwiebeln, Karotten, Sellerie, Lauch und Weisswein mit Thymianzweigen, Lorbeerblatt und Nelke in einen Topf geben. So viel Wasser dazugiessen, dass die Milken darin gerade bedeckt wären. Alles aufkochen und die Milken in den kochenden Fond geben. Die Milken kurz aufkochen und danach gerade unter dem Siedepunkt je nach Grösse der Milken für 20–30 Minuten gar ziehen lassen. Die Milken sollten beim Zusammendrücken einen festen Widerstand haben. Milken herausnehmen und in leicht gesalzenes Eiswasser legen. Den Fond durch ein feines Sieb passieren und 400 ml abnehmen für die Sauce. Den restlichen Fond kann man später weiterverwenden für Saucen oder Suppen. Wenn die Kalbsmilken abgekühlt sind, vorsichtig die äusseren Häutchen abziehen, trocken tupfen und in 2 cm dicke Scheiben schneiden. Mit Salz und Pfeffer würzen, im Mehl wenden und in einer vorgeheizten Teflonpfanne mit der Bratbutter auf beiden Seiten goldgelb braten. Danach auf ein Küchenpapier legen und sofort anrichten.

Die Speckscheiben zum Garnieren auf einem Backblech mit Papier bei 120 °C 10–15 Minuten im Ofen trocknen, bis sie knusprig sind.

Champagnersauce

Schalottenwürfel in 20 g Butter glasig anschwitzen. Mit Champagner ablöschen und mit dem Kalbsmilkenfond auffüllen. Dann das Ganze auf 100 ml reduzieren und mit den verbleibenden kalten Butterwürfeln kurz vor dem Anrichten aufmontieren. Die Sauce sollte nur heiss gehalten werden und nicht mehr kochen.

Spinatravioli

Alle Teigzutaten miteinander zu einem zähen Teig verkneten. Diesen dann eingepackt 1–2 Stunden ruhen lassen.

Für die Füllung Butter und Knoblauch hell anschwitzen, Spinat dazugeben, mit Salz, Pfeffer und Muskat würzen und 1 Minute dünsten. Spinat herausnehmen, leicht ausdrücken und kühl stellen. Nudelteig auf 1,5 mm ausrollen und mit Spinat füllen. Mit verquirltem Eigelb den Rand bestreichen, Nudelteig darüberlegen und Ravioli ausstechen. Ravioli in leichtem Salzwasser abkochen, in etwas Olivenöl oder Butter schwenken und gleich anrichten.

Faves Bohnen

Bohnen in Salzwasser blanchieren, in Eiswasser abschrecken und die Schale abziehen. Die Bohnenkerne kurz vor dem Servieren in Butter anschwenken und dabei mit Salz und Pfeffer würzen.

Pfirsichschnitte mit Tobleronemousse und Orangensauce

Rezept für 4 Personen

Pfirsichschnitte

90 g Eiweiss
135 g Zucker
3 Gelatineblätter
300 g Pfirsichcoulis
200 g Rahm

Tobleronemousse

180 g Crème anglaise (125 ml Rahm,
2 Eigelb, 20 g Zucker)
180 g Toblerone
300 g Rahm

Orangen-Kardamomsauce

6 unbehandelte Orangen, Abrieb und
Saft
4 Kardamomkapseln
100 g Gelierzucker

Minze, Puderzucker und Kakaopulver
zum Garnieren

Pfirsichschnitte

Eiweiss und Zucker in eine Schüssel geben, diese auf ein kochendes Wasserbad stellen und den Inhalt mit einem Schneebesen aufschlagen, bis der Zucker aufgelöst ist und mit dem Eiweiss zusammen eine kompakte Masse bildet. Nun vom Wasserbad herunternehmen und die in kaltem Wasser eingeweichte und gut ausgedrückte Gelatine darin auflösen. Die Masse wieder kalt schlagen, bis sie Zimmertemperatur hat. Dann die vorbereiteten Pfirsichcoulis unterrühren und den geschlagenen Rahm unterheben. Pfirsichmasse in ein geeignetes Gefäss füllen und gut 2–3 Stunden durchkühlen. Vor dem Anrichten nach Belieben in Würfel oder Rechtecke schneiden oder verschiedenartig ausstechen.

Tobleronemousse

Für die Crème anglaise Eigelb und Zucker in eine Schüssel geben, durchrühren und den kurz aufgekochten Rahm unter ständigem Rühren zum Zucker-Ei-Gemisch geben. Auf ein kochendes Wasserbad stellen und mit einem Schneebesen zur Rose aufschlagen. Vom Wasserbad nehmen, die klein gehackten Tobleronestücke dazugeben und schmelzen lassen. Wenn die Masse Zimmertemperatur erreicht hat, den geschlagenen Rahm unterziehen. Tobleronemousse in ein geeignetes Gefäss abfüllen und 1–2 Stunden kalt stellen. Zum Anrichten mit einem Löffel Nocken abstechen.

Orangen-Kardamomsauce

Abrieb und Saft von den Orangen in einen kleinen Topf geben, Kardamomkapseln dazugeben und 15 Minuten köcheln lassen. Den Gelierzucker dazugeben und weitere 2 Minuten kochen. Kardamomkapseln herausnehmen und Sauce kalt stellen.

Nach Belieben anrichten und mit Minze, Puderzucker und Kakaopulver garnieren.

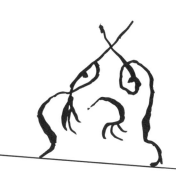

Gebeizter Orangenlachs auf Randen und Meerrettichcreme

Kalbsragout mit gebratenen Kräuterseitlingen und Gemüsecouscous

Latte Macchiato-Creme mit Milchschaum und Amarettinis

Dominik Köndgen

In *Teufels Küche* von März 1998 bis Januar 2001

Ich bin 1972 in Ibbenbüren geboren und ein einfach gestrickter Mann mit einem Hang zum Wahnsinn und dem Herz am rechten Fleck. Zum *Teufelhof* wollte ich eigentlich gar nicht, da ich davon ausging, dass alle Sterneköche gemeine Choleriker sind. Doch ein Freund sagte, da müsse ich mich unbedingt bewerben. Gesagt, getan, war ich eingestellt und musste mir schnell eingestehen, dass Michael Baader einer der liebenswertesten und geradlinigsten Menschen ist, die ich kennenlernen durfte. Ich bedanke mich für die irrsinnig schöne Zeit im *Teufelhof*, wo ich nicht nur fachlich, sondern auch menschlich viel lernen durfte. Heute weiss ich, dass nur ein Team ein gutes Ergebnis erbringen, mit Liebe und Fleiss seine Gäste glücklich machen kann – in einem Beruf, der handwerklich beseelt, gestalterisch formt, geschmacklich prägt, süss duftet und von den Gästen im Nu mit Lob und Tadel gewürdigt wird. Mit grösster Achtung wünsche ich dem *Teufelhof* und allen seinen Mitarbeitern beste Gesundheit und für viele weitere Jahre ein freudig belebtes Haus.

Gebeizter Orangenlachs auf Randen und Meerrettichcreme

Rezept für 4 Personen

Gebeizter Orangenlachs

500 g Lachsfilet Mittelstück, entgrätet
und ohne Haut, Bauchlappen und Tran
2 Bio-Orangen
½ Bio-Zitrone
5 g Basilikumblätter
15 g Salz
10 g Zucker

Randen

250 g Randen (Apfelgrösse)
Salz

Meerrettichcreme

50 g frischer Meerrettich
100 g Crème fraîche
Salz, Zucker und Zitronensaft

1 cl Olivenöl zum Garnieren

Gebeizter Orangenlachs

Das Lachsfilet waschen und eventuell Gräten und Tran entfernen. Orangen und Zitrone waschen und mit einer feinen Raspel die Schale abreiben. Die Basilikumblätter grob schneiden. Dann die abgeriebenen Schalen mit dem Salz, dem Zucker und den Basilikumblättern auf dem Lachsfilet gleichmässig verteilen. Den Lachs nun gut abdecken und mindestens 24 Stunden im Kühlschrank ziehen lassen. Danach den Lachs herausnehmen, mit Haushaltspapier etwas abtupfen und in ca. 3 mm dicke Scheiben schneiden.

Randen

Auf ein Blech ca. 0,5 cm hoch Salz streuen, Randen waschen und auf das Blech legen. Den Randen auf dem Salzbeet ca. 50 Minuten bei 140 °C im Ofen garen. Danach auskühlen lassen, schälen, gegebenenfalls rund ausstechen (5–7 cm Durchmesser) und in dünne Scheiben schneiden.

Meerrettichcreme

Meerrettich waschen, schälen und mit einer Raspel fein reiben. Die Crème fraîche mit dem Meerrettich verrühren und mit Salz, Zucker und Zitronensaft abschmecken.

Zum Anrichten eignet sich ein länglicher Teller, auf dem die Randenscheiben in eine Linie gelegt werden. Diese kann man mit etwas Olivenöl abglänzen. Darauf den Orangenlachs platzieren und mit der Meerrettichcreme Tupfen oder Streifen ziehen. Je nach Jahreszeit kann man auch gerne Blüten und Kräuter zum Garnieren nehmen.

Kalbsragout mit gebratenen Kräuterseitlingen und Gemüsecouscous

Rezept für 4 Personen

Gemüsebouillon

500 g Suppengemüse (Karotte, Sellerie und Lauch)

Salz, Pfefferkörner, Piment, Lorbeerblatt (ergibt ca. 1,5 l Gemüsefond)

Kalbsragout

1 kg Kalbsschulter

250 g Zwiebeln

30 g Butter

30 g Mehl

100 ml Weisswein, trocken

125 ml Rahm

Salz, Pfeffer

Olivenöl zum Anbraten

Kräuterseitlinge

500 g Kräuterseitlinge (Pilze)

50 g Butter

25 g Blattpetersilie

½ Knoblauchzehe

Salz, Pfeffer

½ Bio-Zitrone

Gemüsecouscous

50 g Karotte

50 g weisser Lauch

50 g Sellerie

50 g Schalotten

1 Zweig frischer Thymian

500 ml Wasser, Öl

150 g Couscous, fein

Salz, Pfeffer

Gemüsebouillon

Suppengemüse waschen, schälen und klein schneiden. Das Suppengemüse mit wenig Salz, Pfefferkörnern, Piment und Lorbeerblatt in ca. 2 l kaltem Wasser ansetzen und 1 Stunde sieden lassen. Anschliessend durch ein Sieb passieren.

Kalbsragout

Die Kalbsschulter in 30–40-g-Würfel schneiden, in wenig Öl farblos anbraten und beiseite stellen. Zwiebeln schälen, in kleine Würfel schneiden, mit Butter in einem Topf andünsten und mit dem gesiebten Mehl bestäuben. Dann mit Weisswein ablöschen und mit dem Gemüsefond auffüllen. Mit einem Schneebesen glatt rühren und aufkochen. Nun das Fleisch dazugeben und ca. 1 Stunde langsam sieden lassen. Dabei öfter umrühren und mit Rahm, Salz, und Pfeffer abschmecken.

Kräuterseitlinge

Kräuterseitlinge putzen und je nach Grösse schräg in 2 mm grosse Scheiben schneiden. Die Pfanne erhitzen, Pilze zugeben und anschwenken. Die frische Butter, die in Streifen geschnittene Blattpetersilie und angedrückte Knoblauchzehe zugeben und bei mittlerer Hitze 3 Minuten weiterbraten. Mit Salz und Pfeffer würzen und die Schale von einer halben Zitrone mit einer Raspel dazureiben.

Gemüsecouscous

Karotte, Lauch und Sellerie waschen, schälen und in feine Würfel schneiden. Die Schalotte schälen und ebenfalls in feine Würfel schneiden. Alles in wenig Öl farblos anschwitzen, den Thymian zugeben, mit ca. 500 ml Wasser aufgiessen und mit Salz und Pfeffer abschmecken. Gemüse über den Couscous geben und quellen lassen.

Zum Anrichten das Ragout auf einen Teller geben und die Pilze darüber verteilen. Den Couscous separat reichen oder mit auf dem Teller anrichten.

Latte Macchiato-Creme mit Milchschaum und Amarettinis

Rezept für 4 Personen

Latte Macchiato-Creme

1 Eigelb

1 Ei

2 EL Zucker

1½ Gelatineblätter

2 cl Whisky

125 g weisse Kuvertüre

½ EL löslicher Kaffee

300 ml Rahm

Milchschaum

250 ml frische Milch

Amarettinis

5 Eiweiss

250 g Zucker

1 cl Amaretto

evtl. Kakaopulver zum Garnieren

Latte Macchiato-Creme

Das Eigelb mit dem ganzen Ei und dem Zucker über Dampf warm schlagen, das heisst, in einer genug grossen Pfanne Wasser einfüllen und aufkochen, bis es dampft, dann die Masse in ein Gefäss mit Henkel geben und über die Pfanne hängen, sodass das Gefäss die Wasseroberfläche nicht berührt. Die Masse mit dem Schneebesen schlagen, bis sich diese zu binden beginnt. Dann das Gefäss aus der Pfanne nehmen und im kalten Bad schlagen, bis die Masse kalt ist.

Die Gelatine in kaltem Wasser einweichen und gut ausdrücken. Den Whisky leicht erwärmen und die Gelatine darin auflösen. Das Ganze dann in die Eimasse einmischen. Die Kuvertüre nun ebenfalls über Dampf schmelzen. Den löslichen Kaffee in wenig Wasser auflösen und in die Kuvertüre rühren. Die Kaffee-Kuvertüre dann ebenfalls in die Eimasse einrühren. Zum Schluss den Rahm steif schlagen und mit einem Teigschaber unter die Masse heben. In möglichst schmale, hohe Gläser zu drei Viertel füllen und kalt stellen.

Milchschaum

Milch lauwarm aufschäumen oder aufschlagen. Entweder mit einem Milchschäumer arbeiten oder die Milch in einem Topf erwärmen und mit dem Stabmixer aufschlagen.

Amarettinis

Das Eiweiss mit 50 g Zucker und dem Amaretto mit einem Handmixer steif schlagen. Den restlichen Zucker danach unterheben. Die Masse in einen Spritzbeutel geben und auf ein mit Backpapier ausgelegtes Backblech Tupfen spritzen. Alternativ mit 2 KL Häufchen Formen. Im Ofen bei 80 °C Umluft ca. 3 Stunden trocknen, bis die Amarettinis fest sind und sich leicht vom Papier lösen lassen. Wer bei Ober- und Unterhitze trocknet, sollte einen Holzlöffel in die Ofentüre klemmen, damit die Feuchtigkeit entweichen kann.

Zum Anrichten die Macchiato-Creme aus der Kühlung nehmen, den Milch-
schaum oben aufgeben und nach Geschmack mit Kakaopulver garnieren.
Die Gläser auf einen Unterteller mit einem Macchiato-Löffel geben und die
Amarettinis als Beigabe reichen.

Gänseleberpraline mal anders

———

Tauberterrine

———

Zackenbarsch überbacken mit Langostinos-Austerntatar

Siegfried Wölfle

In *Teufels Küche* von November 1998 bis Juni 2000
und von April 2002 bis März 2006

1969 geboren, studierte ich nach dem Abitur 1989 zuerst vier Jahre Volks-
wirtschaftslehre in Freiburg, bevor ich meine Ausbildung zum Koch in der
Rebstockstube in Denzlingen begann. Nach Stationen im *Teufelhof* und der
Schwarzwaldstube der *Traube Tonbach* sowie der Realisation des integrati-
ven Restaurants *Glashaus* in Lörrach, wo ich Menschen mit Behinderung
in das Gastroteam integriert habe, bin ich seit 2009 Küchendirektor der
BdH-Klinik in Elzach.
Ich bin oft gefragt worden, warum ich vor meiner Ausbildung studiert
habe und meine Antwort dazu lautete oft, dass Köche rechnen können
sollten und, dass ich nach dem Zivildienst noch nicht bereit war, die Frei-
heiten aufzugeben, die man aufgeben muss, um in einem Restaurant mit
Stern eine Lehre zu machen. Nach dem Eintritt in die Gastrowelt war mir
allerdings sofort klar, dass ich dort angekommen bin, wo ich hingehöre.
Das ist auch bis heute so geblieben. Während meiner Ausbildung zum
Koch war ich regelmässig in Basel, da meine Schwester hier lebt. Dabei
habe ich den *Teufelhof* kennengelernt. 1998 begann ich nach einem kurzen
Gespräch mit Michael Baader als Chef Entremetier. Danach verwirklichte
ich den Wunsch, unbedingt drei Sterne kochen zu wollen. Schliesslich
folgten noch drei Jahre im *Teufelhof* – warscheinlich die spannendste und
vor allem intensivste Zeit in meinem Leben. Mein Kontakt zu Aschi
Zahnd und Michael Baader ist nie abgebrochen. Als Honiglieferant kom-
me ich immer noch regelmässig im *Teufelhof* vorbei. Und wie so viele
Köche vor und nach mir berufe ich mich bei vielem, was ich als Koch tue,
immer noch auf Michael Baader. Bei den Rezepten in diesem Buch habe
ich versucht, Gerichte, die ich mit dem *Teufelhof* in Verbindung bringe,
auf meine Art zu interpretieren. Als ich zum ersten Mal die Tauberterrine
gemacht hatte, sagte der sonst mit Lob eher sparsame Michael Baader
«Des isch für mich jetzt absolut drei Sterne» – was man sich als junger
Koch natürlich absolut einbrennt.

Gänseleberpraline mal anders

Rezept für 4–6 Personen

350 g frische Gänseleber
500 g Äpfel
50 ml Calvados
200 ml Sauternes
5 g frischer Ingwer
30 g Zucker
3–4 Gelatineblätter
30 g schwarzer Trüffel
geröstete Baumnüsse
Salz, Pfeffer

Kefen, Brioche und Vinaigrette
zum Garnieren

Die rohe Gänseleber putzen, Häute und Sehnen entfernen und in 1 cm dicke Scheiben schneiden. Mit Salz und Pfeffer würzen und scharf, ohne Fett anbraten. Nach dem Braten sofort auf ein Tuch legen und im Kühlschrank kalt stellen. Wenn die Gänseleber gut durchgekühlt ist, in möglichst kleine Würfel schneiden.

Die Äpfel mit einem Apfelausstecher vom Kernhaus befreien. Man kann sie auch vierteln. Bei 180 °C im Ofen ca. 30 Minuten garen (Bratapfel). Die Haut von den Äpfeln entfernen und das Fruchtfleisch kalt stellen.

Calvados und Sauternes in einen Topf geben, aufkochen und um die Hälfte einreduzieren. Geschälten und gewürfelten Ingwer, die Bratapfelmasse und den Zucker dazugeben. Nun alles gut mixen und durch ein Sieb streichen. Auf 200 g Masse ein Blatt eingeweichte Gelatine beifügen, in der heissen Masse auflösen und danach kalt stellen.

Trüffel fein hacken und mit den Gänseleberwürfeln und der Apfelmasse mischen, mit Salz und Pfeffer würzen und kalt stellen. Mit dem Glaceportionierer Kugeln ausstechen, rund drehen und in den gerösteten und gehackten Baumnüssen wenden.

Kefenspitzen mit Vinaigrette abschmecken und rund auf einem Teller anrichten. In die Mitte eine Runde Scheibe getoasteten Brioche legen, Gänseleberpraline auf den Brioche setzen und sofort servieren.

Tauberterrine

Rezept für 4–6 Personen

200 g Hühnerbrust

200 g Taubenbrust

25 g Taubenhaut ohne Keule

100 g Taubenfleisch aus der Keule

100 g rohe Gänseleber

25 g Pinien

25 g Pistazien

25 g Herbsttrompeten (Pilze)

250 ml Rahm

25 ml Cognac

evtl. Piment und etwas Portwein

Salz, Pfeffer

Pökelsalz

Hühnerbrust fein schneiden und in eine kleine Schüssel geben. Rahm und Cognac dazugeben und mit Salz und Pfeffer würzen. Alles gut umrühren und 1 Stunde im Kühlschrank kalt stellen. Danach in der Küchenmaschine mit dem Rahm eine feine Farce herstellen (ergibt ca. 500 g fertige Farce).

Taubenbrüste mit Salz und Pfeffer würzen, kurz und scharf anbraten, danach kalt stellen. Taubenhaut klein schneiden, in eine Pfanne geben und bei 180 °C in den Ofen stellen. Nun brät das Fett von der Haut ab. Nach ca. 10 Minuten die Pfanne aus dem Ofen nehmen und durch ein Sieb passieren. Das Fett wird nicht mehr gebraucht. Die Taubenhaut sehr klein hacken und kalt stellen.

Die Pinien ohne Fett in einer Pfanne rösten und mit den Pistazien grob hacken. Anschliessend beides kalt stellen.

Die rohe Gänseleber putzen, Häute und Sehnen entfernen, in Würfel von 0,5 cm Kantenlänge schneiden und kalt stellen.

Taubenkeulenfleisch mit etwas Pökelsalz würzen, sehr fein schneiden und kalt stellen.

Die Herbsttrompeten waschen, gut abtrocknen, in einer Pfanne mit Butter anziehen und dann kurz im Ofen garen. Anschliessend mit kaltem Wasser abschrecken, gut ausdrücken, klein hacken und kalt stellen.

Für die erste Farce 250 g Hühnerfarce mit dem Taubenfleisch und der Taubenhaut gut zusammenmixen. Mit Salz, Pfeffer, eventuell Piment und etwas Portwein abschmecken.

Für die zweite Farce die übrigen 250 g Hühnerfarce mit den Pinien, Pistazien, Herbsttrompeten und Gänseleberwürfeln mischen und mit Salz und Pfeffer würzen.

Eine 1-kg-Tunnel-Terrinenform mit Frischhaltefolie auslegen und die komplette Terrine 1 cm dick mit der ersten Farce ausstreichen. Dann die Hälfte der zweiten Farce in die Terrinenform einfüllen und die Taubenbrüste einlegen. Den Rest der zweiten Farce auf die Taubenbrüste geben. Anschliessend den Rest der ersten Farce gleichmässig über alles verteilen. Die Terrine gut mit Frischhaltefolie verschliessen und bei 70 °C im Wasserbad für 50 Minuten pochieren. Über Nacht abkühlen und ruhen lassen.

Die Terrine aus der Form nehmen und in Scheiben schneiden. Nach Belieben mit Fruchtchutneys, Blattsalaten oder Salaten aus Wurzelgemüsen garnieren.

Zackenbarsch überbacken mit Langostinos-Austerntatar

Rezept für 4 Personen

Tomatenfond

1,5 kg Tomaten
50 g Schalotten
Thymian, Rosmarin, Zucker,
Knoblauchzehe

Zackenbarsch

80 g Langostinosfleisch
40 g Austernfleisch
60 g Schlagrahm
4 Zackenbarschfilets à je 80 g
etwas Weisswein
Salz, Pfeffer

Safrannage

40 ml Noilly Prat
40 ml Weisswein
200 ml Fischfond
Safranfäden nach Belieben
80 g kalte Butterwürfel
Zitronensaft
Salz, Pfeffer

Tomatenrisotto

100 g Risottoreis
1 Schalotte
Butter
Weisswein
evtl. Petersilie oder Basilikum
Salz

Tomatenfond

Tomaten häuten und Strunk entfernen. Schalotten schälen, in Würfel schneiden, mit Thymian, Rosmarin, etwas Zucker und Knoblauch in einer Pfanne mit Olivenöl andünsten. Die Tomaten dazugeben und in einem Mixbecher gut durchmixen. In einem Topf alles schnell aufkochen und durch ein Tuch laufen lassen. Den Tomatenfond in einen Topf geben und auf 500 ml reduzieren lassen.

Zackenbarsch

Das Fleisch der Langostinos und der Austern fein hacken und in eine Schüssel geben. Mit Salz und Pfeffer würzen und rühren, bis die Masse fester wird. Danach langsam den Schlagrahm mit einem Kochlöffel (Gummischaber) unterrühren. Den Zackenbarsch salzen, pfeffern und die Masse auf den Fischfilets verteilen. Anschliessend auf eine gebutterte Form setzen, etwas Weisswein angiessen und im Ofen bei 180 °C 10–12 Minuten garen. Der Fisch sollte in der Mitte noch glasig sein.

Safrannage

Noilly Prat und Weisswein in einem Topf aufkochen lassen und auf die Hälfte reduzieren. Den Fischfond und die Safranfäden dazugeben und nochmals auf die Hälfte reduzieren. Dann kräftig mit Salz und Pfeffer würzen. Zum Servieren die kalten Butterwürfel mit dem Stabmixer in die Sauce mixen und mit etwas Zitronensaft abschmecken.

Tomatenrisotto

Schalotte schälen und in feine Würfel schneiden, mit reichlich Butter in eine Pfanne geben und glasig anschwitzen. Den Reis dazugeben und ebenfalls anschwitzen, bis er glasig wird. Danach mit Weisswein ablöschen und etwas Salz dazugeben. Den Reis aufkochen und bei schwacher Hitze weiterköcheln lassen. Dabei den Tomatenfond nach und nach dazugeben, bis die gewünschte Konsistenz erreicht ist. Vor dem Servieren nochmals abschmecken und eventuell mit gehackter Petersilie oder Basilikum verfeinern.

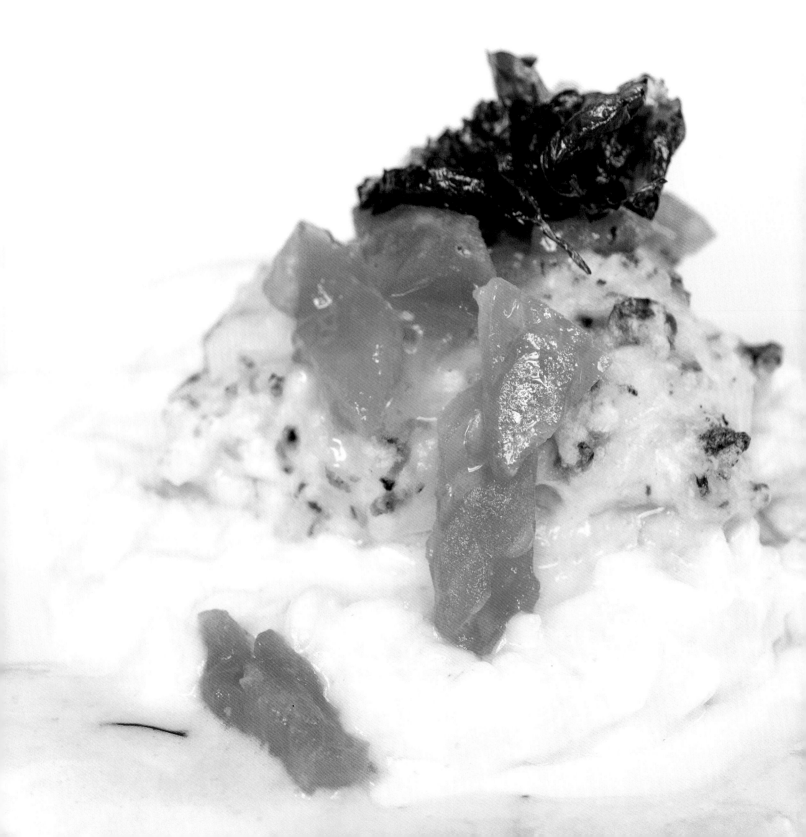

Barbarie Ententaschen mit Pecorino di Pienza-Zabaione

———

Glasiertes Spanferkel mit Flambé von Rotbier

———

Soufflé von Torrone morbido di Lamporecchio

Maria Probst

In *Teufels Küche* von Februar 1999 bis Dezember 2000

Ich bin gebürtige Chiemseerin und habe in einer Landmetzgerei meine
erste Ausbildung gemacht. Bevor ich in Augsburg bei *Feinkost Kahn* meine
zweite Ausbildung zur Köchin machte, war ich im Laden von *Feinkost
Käfer* in München tätig. Nach meiner abgeschlossenen Lehre gaben mir
die Basler «Teufel» ihr Vertrauen. Der *Teufelhof* ist ein Ort, an dem man
wirklich aufgehoben ist. Ich habe dort gelernt, dass jeder anders ist und
auch so behandelt werden sollte. Wenn ich von Basel höre, ist da immer
so ein Gefühl, wie wenn man an einen lieben Freund denkt. Das wird
wohl immer so bleiben. In den zwei Jahren gab mir der *Teufelhof* genug
Werkzeug mit, um gut in allen weiteren Küchen zurechtzukommen.
Ich ging mit Eckhart Witzigmann und Roland Trettel nach Mallorca.
Im Gardatal bei Norbert Niederkofler kam ich zum ersten Mal in einen
Saisonbetrieb. Um Italienisch zu lernen, ging ich dann erst nach Ancona,
Modena und Punta Ala, um schliesslich im *La Tenda Rossa* zu landen –
woran der *Teufelhof* nicht ganz unschuldig ist, aber das ist eine lange
Geschichte.
Das Kochen ist für mich ein Beruf ohne Limit, in dem man sich ständig
weiterentwickelt. Ich kann gar keiner «normalen» Arbeit nachgehen, weil
mir die Routine schnell zu langweilig wird und ich nicht stillsitzen kann,
sondern mich immer bewegen muss. Ich muss immer ein Ziel vor Augen
haben und ich liebe die Herausforderung!

Barbarie Ententaschen mit Pecorino di Pienza-Zabaione

Rezept für 4 Personen

Barbarie Ententaschen

Füllung:

500 g Barbarie Ente (Keulen)

1 mittelgrosse Zwiebel

1 Knoblauchzehe

1 Karotte

einige Basilikumblätter

1 Bund Petersilie

50 cl extra natives Olivenöl aus der Toskana

1 kleines Glas Cognac

2 EL Parmesan, gerieben

1 Ei

1 Stückchen Butter

Salz

Teig:

150 g Weizenmehl

150 g Mehl «senatori capelli» oder Hartweizengriess

3 Eier

1 EL extra natives Olivenöl aus der Toskana

1 Prise Salz

Zabaione

1 EL Zucker

1 Kelle Fleischbrühe

100 g Pecorino di Pienza abbucciato

2 Eigelb

1 Prise Meersalz

200 g grüner Blumenkohl

1 EL Pistazien

Barbarie Ententaschen

Für die Füllung Zwiebel und Knoblauch schälen und in feine Würfel schneiden. Karotte waschen, schälen und in kleine Würfel schneiden. Basilikum und Petersilie waschen und fein schneiden. Dann die Ente in Stücke schneiden und im Olivenöl mit der Zwiebel, dem Knoblauch, der Karotte, dem Basilikum und der Petersilie anbraten. Danach mit dem Cognac flambieren und bei 160 °C im vorgeheizten Ofen 20–30 Minuten garen. Das Fleisch muss sich gut vom Knochen lösen. Haut und Knochen entfernen und das Fleisch mit allem anderen durch den Fleischwolf drehen. Wenn kein Fleischwolf vorhanden ist, die Zutaten mit einem Wiegemesser sehr fein schneiden. Die Masse mit Parmesan, Ei und Butter gut mischen, mit etwas Salz abschmecken und im Kühlschrank mehrere Stunden ruhen lassen. Die Füllmasse kann man auch gut einen Tag im Voraus zubereiten.

Für den Teig alle Zutaten in eine Schüssel geben und gut durchkneten. Danach den Teig in Klarsichtfolie einpacken und 1–2 Stunden im Kühlschrank ruhen lassen. Den Teig zu einer dünnen Platte ausrollen, in Rechtecke (ca. 2,5 x 5 cm) schneiden und mit der Füllmasse füllen. Am Endpunkt andrücken und eine Tasche formen.

Zabaione

Den Zucker karamellisieren und mit der Bouillon ablöschen, um den Zucker wieder aufzulösen. Pecorinokäse, Eigelb und Salz hinzufügen und in einer Schüssel auf einem heissen Wasserbad aufschlagen bis das Ei gebunden hat.

Blumenkohl blanchieren, in Röschen schneiden und in einer Pfanne mit Butter anschwenken. Die Taschen in reichlich Salzwasser kochen und in vier warmen Teller anrichten. Die Teller vorher mit Zabaione füllen. Die Taschen mit etwas gehobeltem Pecorinokäse, gehackten Pistazien und den Blumenkohlröschen garnieren.

Glasiertes Spanferkel mit Flambé von Rotbier

Rezept für 4 Personen

Spanferkel

800 g Filet vom Spanferkel

600 g Knochen vom Spanferkel

1 Karotte

1 Selleriestange

1 Zwiebel

Tomatenmark

500 ml helles Bier

2 Zweige Rosmarin und Salbei

Salz

Flambé

2 Certaldo-Zwiebeln

4 Äpfel

30 g Zucker

20 g Calvados

200 ml Rotbier

Wirsing mit Trauben

1 Wirsingkopf, ohne äussere Blätter

20 Trauben

Olivenöl

100 ml frischer Rahm

Salz, Muskat

Spanferkel

Für den Fond Karotte, Sellerie und Zwiebel schälen und in Stücke schneiden. Die Knochen mit dem Gemüse anrösten, dann das Tomatenmark hinzufügen, mit dem hellen Bier ablösen und auf die Hälfte einkochen lassen. Mit Wasser auffüllen, sodass der Inhalt gerade bedeckt ist, 2 Stunden kochen lassen, durch ein Sieb passieren und warm stellen.

Das Spanferkelfilet mit Salz, Rosmarin und Salbei einreiben und bei niedriger Temperatur bei 80°C ca. 1 Stunde vakuumgaren. Wer keine Vakuummaschine hat, kann das Filet in Klarsichtfolie und dann in Alufolie einrollen und ebenfalls bei 80°C ca. 1 Stunde garen.

Flambé

Zwiebeln und Äpfel schälen und in Scheiben schneiden. Dann den Zucker in einem Topf schmelzen und die Zwiebeln und Äpfel darin karamellisieren. Danach mit Calvados ablöschen, sodass der Alkohol verdampft. Das Rotbier hinzufügen, flambieren und ca. 20 Minuten köcheln lassen. Wenn alles schön weich ist, mit einem Mixer pürieren, mit Salz abschmecken und warm stellen.

Wirsing mit Trauben

Wirsing waschen und in feine Streifen schneiden, 5 Minuten in kochendem Salzwasser kochen, in Eiswasser abschrecken, gut abtropfen lassen und mittels Küchenpapier leicht ausdrücken. Der Wirsing sollte gut trocken sein. Die Trauben waschen, halbieren und die Kerne entfernen. Den Wirsing und die Trauben in wenig Olivenöl kurz in der Pfanne anbraten, Rahm unterrühren und cremig einkochen lassen. Danach warm stellen und möglichst bald servieren.

Das Spanferkel nach Beendigung des Vakuumgarens in einen Bräter (Kasserolle) legen und 15 Minuten bei 180°C im Backofen garen. Dabei zum Glasieren regelmässig mit dem Fond bestreichen, damit das Fleisch nicht austrocknet und schön glänzt.

Den Wirsing und die Trauben gleichmässig auf die vorgewärmten Teller verteilen, die Filets in Scheiben schneiden und daraufbetten, das Flambé von Bier und Äpfeln auf dem Fleisch anrichten, mit kalt gepresstem Olivenöl beträufeln und sofort servieren.

Soufflé von Torrone morbido di Lamporecchio

Rezept für 4 Personen

Karamellisierte Feigensauce

8 getrocknete Feigen

100 g Zucker

50 g Wasser

1 Glas Aleatico-Rotwein aus Elba

Soufflé

160 g Torrone morbido di Lamporecchio, gewürfelt

2 Eier

50 g Zucker

30 g Milch

1 TL Rum

1 Gelatineblatt

50 g Rahm

Für die Garnitur:

40 g Pistazien, grob gehackt

dunkle Schokolade

4 Johannisbeerzweige

Karamellisierte Feigensauce

Die Feigen für mindestens 3 Stunden im kalten Wasser einweichen. Danach die Feigen gut abtropfen lassen und 4 Feigen bei schwacher Hitze mit dem Zucker in einer Pfanne oder Topf karamellisieren. Wenn der Zucker geschmolzen und etwas bräunlich ist, den Topf vom Herd nehmen und das Einweichwasser sowie den Rotwein hinzufügen. Gut durchkochen, mixen und durch ein Sieb passieren.

Soufflé

Die Eier trennen und das Eiweiss beiseite stellen. Das Eigelb in einer Schüssel mit dem Zucker, der Milch und dem Rum über einem Wasserbad cremig schlagen. Die Schüssel danach vom Wasserbad nehmen. Die in kaltem Wasser eingeweichte und ausgedrückte Gelatine in die noch warme Masse geben und verrühren, bis sie aufgelöst ist. Danach die Creme abkühlen lassen und ab und zu mit dem Schneebesen rühren.

In der Zwischenzeit das Eiweiss und den Rahm steif schlagen und zusammen mit dem Torrone mithilfe eines Teigschabers unter die abgekühlte Masse heben. In 4 Förmchen füllen und für mindestens 3 Stunden in den Tiefkühler stellen.

Die Feigen-Rotwein-Sauce auf den Tellern verteilen, in der Mitte das Soufflé platzieren und mit Pistazien und den restlichen 4 Feigen anrichten. Ein Raster aus dunkler Schokolade machen und mit den Johannisbeeren garnieren.

Sauerkrautsuppe mit Blutwurststicks

―――

Sisteron Lammracks mit Auberginenravioli und Rotweinzwiebeln

―――

Karamellisiertes Sauerampferparfait mit Waldbeerenespuma

Jens Scheller

In *Teufels Küche* von Januar 2001 bis Januar 2005

1975 in Villingen geboren, begann ich mit 17 eine Kochlehre in Donau-
eschingen. Nach dem Zivildienst und ein paar Wanderjahren in Köln und
Stuttgart kam ich 2001 dank eines Tipps von Sven Feldmann im *Teufelhof*
in Basel an. Mir gefiel sofort das familiäre Klima und das künstlerische
Flair im Gast- und Kulturhaus. Michael Baaders Führungs- und Kochstil
begeisterten mich ebenso wie der Teamgeist im ganzen Betrieb. Ich habe
in den Jahren, die ich im *Teufelhof* verbrachte, nicht nur sehr viel gelernt,
sondern auch Freundschaften geschlossen, die bis heute bestehen. In dieser
Zeit lernte ich auch meine Frau Daniela kennen. Nach vier Jahren im
Teufelhof begann ich eine Zusatzausbildung zum Diätkoch und ein paar
Jahre später absolvierte ich die Berufsprüfung zum Gastronomiekoch. Seit
2006 koche ich im Restaurant *If d'Or* der Adullam-Stiftung und wohne
mit meiner Frau und meinen zwei Kindern Lukas und Nuria in Basel.
Das Kochen ist für mich ein schöner, facettenreicher Beruf, in dem man
nie auslernt und immer wieder etwas Neues entdecken kann. Ich kann
kreativ sein und mich ins Team einbringen. Und ich bekomme Arbeit
und Familie super unter einen Hut. Nach wie vor schaue ich gerne im
Teufelhof vorbei und fühle mich dort immer noch sehr wohl. Ich wünsche
dem *Teufelhof* zu seinem 25. Jubiläum alles Gute und hoffe, dass er nichts
von seinem einzigartigen, teuflischen Zauber verliert.

Sauerkrautsuppe mit Blutwurststicks

Rezept für 4 Personen

Sauerkrautsuppe

40 g Schalotten

20 g Sellerie

20 g Lauch

75 g Birne

75 g Kartoffeln, mehlig

20 g Butter

200 g Sauerkraut

75 ml Weisswein

350 ml Geflügelfond

150 ml Rahm

1 Lorbeerblatt

1 Wacholderbeere

1 Nelke

Salz, Pfeffer

Blutwurststicks

40 ml Wasser

5 g Weizenstärke

90 g Kartoffeln, mehlig

70 g Blutwurst

1 g Majoranblätter

4 Frühlingsrollenblätter (20 x 20 cm)

Salz, Pfeffer

Sauerkrautsuppe

Schalotten schälen, Sellerie und Lauch waschen, Birne und Kartoffeln waschen und schälen. Danach alles in kleine Stücke schneiden und in der Butter andünsten. Das Sauerkraut kurz abspülen, zu dem Gemüse geben und kurz mitdünsten. Mit dem Weisswein ablöschen und reduzieren lassen. Nun Geflügelfond und Rahm dazugeben sowie Lorbeer, Wacholder und Nelke. Alles zusammen 45 Minuten köcheln lassen. Danach etwas Sauerkraut als Suppeneinlage auf die Seite legen, die Suppe mit einem Stabmixer fein mixen und durch ein Sieb passieren. Mit Salz, Pfeffer und eventuell etwas Weisswein abschmecken.

Beim Anrichten wird das beiseite gelegte Sauerkraut in einen Suppenteller gegeben und mit der Sauerkrautsuppe aufgefüllt.

Blutwurststicks

Wasser in eine Pfanne giessen, mit Stärkemehl verrühren und aufkochen. Dabei ständig rühren, um ein Anbrennen zu vermeiden. Nachdem die Flüssigkeit angedickt ist, in eine Tasse geben und beiseite stellen.

Kartoffeln waschen, schälen, in Stücke schneiden und in Salzwasser weich kochen. In dem noch heissen Topf oder im 150 °C heissen Backofen ausdämpfen lassen. Blutwurst enthäuten und mit den Kartoffeln vermischen, dann die Masse zusammen durch ein feines Sieb streichen. Majoranblätter fein hacken, unter die Masse geben und mit Salz und Pfeffer würzen.

Das Frühlingsrollenblatt so legen, dass eine Ecke nach unten zeigt. Nun das Blatt mit der Stärkemasse einpinseln und die Blutwurstmasse mit einem Spritzsack im unteren Drittel waagrecht ca. 7 mm dick aufspritzen. Die untere Ecke des Blattes über die Blutwurstmasse legen, ebenfalls einpinseln und bis kurz vor der Hälfte einrollen. Die Ränder einschlagen und alles aufrollen. Die Blutwurststicks in der 180 °C heissen Fritteuse goldgelb ausbacken und zur Suppe reichen.

Sisteron Lammracks mit Auberginenravioli und Rotweinzwiebeln

Rezept für 4 Personen

Rotweinzwiebeln

80 g Zucker

300 ml Rotwein

60 ml Aceto Balsamico

2 Nelken

4 Wacholderbeeren

1 Lorbeerblatt

1 Zweig Thymian

3 EL Olivenöl

28 frische Silberzwiebeln

1 EL Stärke

Salz, Pfeffer

Auberginenravioli

Teig:

1 Eigelb

2 Ei

15 g Olivenöl

125 g Mehl

125 g Weizendunst

1 Prise Salz

Füllung:

500 g Aubergine

3 Zweige Rosmarin

3 Zweige Thymian

5 EL Olivenöl

2 Schalotten

3 Knoblauchzehen

½ EL Honig

1 EL Dijonsenf

20 g Aceto Balsamico

3 g Stärke

Salz, Pfeffer

Ravioli:

1 Ei

20 g Butter

20 g Parmesan, gerieben

Sisteron Lammracks

2 Lammracks à 400 g

3 EL Olivenöl

2 Knobauchzehen

1 Zweig Rosmarin

1 Zweig Thymian

Salz, Pfeffer

Rotweinzwiebeln

Den Zucker karamellisieren lassen, mit Rotwein und Aceto Balsamico ablöschen. Die Gewürze in einem Tee-Ei zugeben und kurz aufkochen. Etwas Olivenöl in eine Pfanne geben, darin die Silberzwiebeln kurz anbraten und in den Rotwein geben. Die Zwiebeln langsam weich kochen und den Rotwein dabei reduzieren lassen. Wenn die Zwiebeln weich sind, herausnehmen und den Rotwein auf die gewünschte Menge einkochen lassen. Die Flüssigkeit mit der angerührten Stärke nach Belieben abbinden. Mit Salz und Pfeffer und eventuell etwas Aceto Balsamico abschmecken.

Auberginenravioli

Eigelb, Eier und Olivenöl in eine Schüssel geben, 1 Prise Salz hinzufügen und mit einem Schneebesen gut durchrühren. Gesiebtes Mehl und Weizendunst dazugeben und gut durchkneten. Den Teig für 1–2 Stunden in Folie gewickelt kalt stellen und ruhen lassen.

Für die Füllung die Aubergine längs tief einschneiden und jeweils ein Rosmarin- und Thymianzweig einklemmen, mit Olivenöl beträufeln und mit Salz und Pfeffer würzen. Die so gefüllte Aubergine in Alufolie einwickeln und bei 200 °C ca. 45 Minuten backen, bis sie weich ist. Aus dem Ofen nehmen, auspacken und Kräuter entfernen. Die Aubergine lässt sich jetzt gut mit einem Löffel auskratzen. Die so gewonnene Masse mit einem Messer fein hacken. Schalotten und Knoblauch schälen und in feine Würfelchen schneiden. Dann im restlichen Olivenöl andünsten und die Auberginenmasse zugeben. Vom Rosmarin und Thymian die Nadeln und Blättchen zupfen, fein hacken, dazugeben und mit Honig, Senf, Aceto Balsamico sowie Salz und Pfeffer würzen. Das Ganze gut einkochen und gegebenenfalls mit der in Wasser angerührten Stärke abbinden. Im Kühlschrank abkühlen lassen und in einen Spritzbeutel füllen.

Für die Ravioli eine Hälfte des Nudelteigs auf der Nudelmaschine bis zur Stufe 7 oder mit einem Nudelholz sehr dünn ausrollen. Mit einem 6–7 cm breiten Ausstecher die Ravioliformen leicht markieren. Dann mit dem Spritzbeutel ca. ½ TL Auberginenmasse in die Mitte jeder Markierung spritzen. Ein Ei in eine kleine Schüssel geben, gut umrühren und damit den Nudelteig bepinseln. Den restlichen, auf Stufe 7 ausgerollten Nudelteig über die erste Bahn geben und vorsichtig andrücken, sodass möglichst keine Luftblasen entstehen. Die Ravioli ausstechen und in genügend Salzwasser ca. 5 Minuten kochen, herausnehmen und in einer Pfanne mit Butter anschwenken. Den Parmesan darüberstreuen und sofort anrichten.

Sisteron Lammracks

Das Lamm mit Salz und Pfeffer würzen und im heissen Olivenöl anbraten. Die Pfanne vom Herd nehmen, dann Knoblauch schälen, halbieren und mit den Kräutern in die Pfanne geben. Das Lamm auf die Kräuter legen und im vorgeheizten Ofen bei 180 °C je nach Belieben 3–5 Minuten fertig garen. Nach dem Braten das Lamm an einem warmen Ort 5 Minuten ruhen lassen, danach zwischen den einzelnen Rippenknochen durchschneiden und zusammen mit den Silberzwiebeln und Ravioli auf heissen Tellern anrichten.

Karamellisiertes Sauerampferparfait mit Waldbeerenespuma

Rezept für 4 Personen

Sauerampferparfait

20 g Naturjoghurt
20 g Orangensaft
½ Limone
30 g Sauerampfer
2 Gelatineblätter
1 Ei
25 g Zucker
120 ml Rahm
50 g Rohzucker, fein

Waldbeerenespuma

130 g Waldbeeren
½ Limone
25 g Puderzucker
30 g Joghurt
70 g Rahm

Sauerampferparfait

Den Joghurt, Orangensaft und Saft der halben Limone mit dem Sauerampfer in einen Mixer geben und fein mixen. Danach durch ein Sieb passieren. Die Gelatine in kaltem Wasser einweichen, ausdrücken und mit wenig Wasser in einer Schüssel auf dem Wasserbad verflüssigen. Die flüssige Gelatine mit einem Schneebesen unter die Sauerampfermasse rühren. Das Ei mit dem Zucker auf dem Wasserbad aufschlagen bis sich der Zucker auflöst. Danach die Schüssel vom Bad nehmen und kalt schlagen bis die Masse schaumig ist. Dann den Joghurt vorsichtig unterziehen. Den Rahm mit dem Handmixer steif schlagen und ebenfalls unter die Masse heben. Die Masse in tiefkühlgeeignete Förmchen geben und einfrieren. Vor dem Servieren das Parfait stürzen und mit dem Rohzucker bestreuen. Danach mit einem Bunsenbrenner karamellisieren, bis der Zucker bräunlich und geschmolzen ist.

Waldbeerenespuma

Waldbeeren, Saft der halben Limone, Puderzucker und Joghurt in einen Mixer geben, gut mixen und danach durch ein feines Sieb passieren. Mit dem Rahm verfeinern. Die Masse in einen Rahmbläser füllen, eine Patrone zugeben und gut schütteln. Den Rahmbläser liegend ca. 1 Stunde kalt stellen. Den Espuma am besten in ein kleines Glas sprühen und mit dem Parfait zusammen servieren.

Roulade vom Rinderfilet mit Randen und Kartoffelcannelloni

Seeteufel an Beurre blanc auf Cranberrylinsen

Zweierlei vom Roquefort mit Apfel-Rosinenkompott

Oliver Jauch

In *Teufels Küche* von Oktober 2001 bis August 2004

Ich bin in Freiburg geboren, in der March am Kaiserstuhl aufgewachsen und betreibe zusammen mit meiner Frau Christine und meinen Eltern das Hotel-Restaurant *Jauch's Löwen*. Eigentlich hat mich noch nie etwas anderes interessiert als Essen und Kochen. Da der Betrieb seit über 300 Jahren in Familienbesitz ist, wurde es mir sozusagen in die Wiege gelegt. Meine Leidenschaft gilt der Küche, da fühle ich mich am wohlsten, und in der Freizeit freue ich mich, für meine beiden Kinder da zu sein. Ich habe nach meiner Ausbildung zum Koch zuerst in der *Rebstock-Stube* bei Adolf Frey gearbeitet, danach im *Landgasthof Adler* bei Josef Bauer in Rosenberg und anschliessend im *Teufelhof* bei Michael Baader. Hier konnte ich meine Kreativität ausbauen und habe gelernt, dass es miteinander besser geht als gegeneinander. Wenn ich heute an den *Teufelhof* denke, denke ich an Vertrauen und Zusammenhalt, an eine kleine Familie. Nach den lehrreichen Jahren ging ich auf die Hotelfachschule in Villingen im Schwarzwald, um meinen Küchenmeister zu machen. Es bereitet mir besonderes Vergnügen, ältere Gerichte neu zu interpretieren, sie auf eine moderne Art neu zusammenzustellen.

Roulade vom Rinderfilet mit Randen und Kartoffelcannelloni

Rezept für 4 Personen

Kartoffelcannelloni

2 Kartoffeln, festkochend
1 mittelgrosse Kartoffel, gekocht
Stärke, Salz, Pfeffer aus der Mühle

Kräutercreme

1 kleiner Bund Blattpetersilie
1 kleiner Bund Kerbel
120 g Crème fraîche
1 Zitrone (unbehandelt), Saft
Salz, Pfeffer aus der Mühle,
Cayennepfeffer

Meerrettich

250 g Rahm
1 kleine Stange frischer Meerrettich
Salz, Pfeffer aus der Mühle, Muskat,
Cayennepfeffer

Vinaigrette

3 cl Sherryessig
6 cl Walnussöl
3 cl Bouillon (Gemüse, Geflügel oder
Kalb)
Salz, Pfeffer aus der Mühle

Roulade vom Rinderfilet

300 g regionales Rinderfilet,
sauber pariert (ohne Fett und Sehnen)
1 Karotte
2 Knollen Randen
Salz, Pfeffer, Zucker
1 Zitrone (unbehandelt), Saft

Lorbeerblätter, Kümmel
Fleure de sel, Pfeffer aus der Mühle,
Korianderkörner
Salatmischung nach Belieben

Kartoffelcannelloni

Rohe Kartoffeln mit einem Spiralmesser (aus dem Asiashop) in lange Spaghetti schneiden, etwas salzen und mit Stärke bestreuen. Dann auf ein Chromstahlrohr oder Ähnliches wickeln und im schwimmenden Fettbad bei 180 °C frittieren. Vom Rohr abziehen und auf Küchenpapier abtropfen lassen. Dann leicht mit Salz und Pfeffer würzen.
Für die Garnitur eine gekochte Kartoffel schälen und in 12 gleichmässige dünne Streifen von 1 x 3 cm schneiden. Diese von beiden Seiten in Öl goldbraun anbraten.

Kräutercreme

Blattpetersilie und Kerbel waschen, zupfen und die Blätter fein hacken. Mit Crème fraîche, Zitronensaft, Salz, Pfeffer und Cayenne abschmecken. Mit einem Gummischaber zu einer streichfähigen Konsistenz rühren und in einen Spritzbeutel füllen. Bis zur Weiterverarbeitung kalt stellen.

Meerrettich

Rahm mit einem Schneebesen steif schlagen, mit geriebenem Meerrettich vermengen und mit Salz, Pfeffer, Muskat und Cayennepfeffer abschmecken. Bis zur Weiterverarbeitung kalt stellen.

Vinaigrette

Sherryessig, Walnussöl und Bouillon zusammen mischen. Mit Salz und Pfeffer abschmecken.

Roulade vom Rinderfilet

Die Karotte waschen, schälen und in gleichmässig feine Streifen (Julienne) schneiden. Mit Salz, Pfeffer, Zucker und Zitronensaft abschmecken. Nun den Randen in Salzwasser mit dem Lorbeerblatt und Kümmel kochen, dann schälen und mit einem Küchenhobel in feine Scheiben schneiden. Die Scheiben mit einem runden Ausstecher ausstechen und mit einem Teil der Vinaigrette marinieren.

Das Rinderfilet in dünne Scheiben schneiden und auf eine Klarsichtfolie zu vier gleich grossen Rechtecken legen. Anschliessend mit Folie abdecken und leicht klopfen, damit das rohe Fleisch überall gleich dick ist. Die obere Folie abziehen und das Rinderfilet mit Fleure de sel, Pfeffer und gemahlenem Koriander würzen. Nun das Fleisch mit Vinaigrette und Zitronensaft beträufeln. Die Karotten-Julienne und die Kräutercreme auf dem Fleisch verteilen. Frisch geriebenen Meerrettich und etwas Blattsalat daraufgeben und wie eine Rinderroulade einrollen. Die Rouladen sollten gleich angerichtet werden. Man kann sie ganz lassen oder einmal diagonal durchschneiden.

Seeteufel an Beurre blanc auf Cranberrylinsen

Rezept für 4 Personen

Kartoffelgnocchi

8 Kartoffeln, mehlig
50 g Butter
4 Eigelb
100 g Mehl
Salz, Pfeffer, Muskat

Selleriepüree und Broccoli

2 Schalotten
1 Knollensellerie
20 g Butter
100 ml trockener Weisswein
300 ml Rahm
1 Lorbeerblatt
Salz, Pfeffer, Muskat
8 Broccoliröschen

Cranberrylinsen

50 g getrocknete Cranberrys
250 g Belugalinsen
1 Schalotte
20 g Butter
cremiger Cranberry-Balsamico
Salz, Pfeffer

Beurre blanc

1 Schalotte
2 cl Sherryessig
100 ml trockener Weisswein
100 ml Rahm
100 g kalte Butter, gewürfelt
Salz, Pfeffer, Cayennepfeffer, Koriander
aus der Mühle

Seeteufel

600 g Seeteufelfilets, küchenfertig
Butaris (Bratbutter)
Salz, Pfefferw

Kartoffelgnocchi

Kartoffeln waschen, in Salzwasser gar kochen, schälen und im Backofen ausdampfen lassen. Danach die Kartoffeln durch eine Presse in eine Schüssel drücken. Die Butter in einem kleinen Topf bräunen und zusammen mit Eigelb und gesiebtem Mehl unter die durchgedrückten Kartoffeln arbeiten. Mit Salz, Pfeffer und Muskat würzen. Jetzt den Teig zu langen Würsten rollen, schneiden und zu runden Bällchen abdrehen. Die Gnocchi mit einer grossen Gabel prägen, im Salzwasser kurz aufkochen und ziehen lassen. Nach ca. 2 Minuten herausnehmen und auf einem Küchentuch abtropfen lassen. Zum Servieren in einer Pfanne mit etwas Butter anschwenken.

Selleriepüree und Broccoli

Die Schalotten schälen und klein würfeln. Den Sellerie waschen, die Schale dünn abschneiden und die Knolle in 1 cm grosse Würfel schneiden. Nun Sellerie- und Schalottenwürfel in Butter anschwitzen, mit Weisswein ablöschen und kochen, bis dieser reduziert ist. Dann Rahm, etwas Salz und ein Lorbeerblatt dazugeben und das Ganze weich köcheln lassen. Nach etwa 20 Minuten, wenn alles weich ist, das Lorbeerblatt herausnehmen, beiseite legen und alles ganz fein mixen. Mit Salz, Pfeffer und Muskat würzen. Bis zum Anrichten warm stellen.

Den Broccoli in kleine Röschen schneiden, waschen und im Salzwasser bissfest kochen. Danach in kaltem Wasser abschrecken und in etwas Butter anschwenken.

Cranberrylinsen

Die Linsen ohne Salz, mit dem Lorbeerblatt und der geschälten, gewürfelten Schalotte im Wasser garen. Die Cranberrys klein schneiden und zur Seite stellen. Butter in eine Pfanne geben und schmelzen lassen. Cranberrys und Linsen ohne Kochfond dazugeben, mit Salz, Pfeffer und cremigem Cranberry-Balsamico würzen.

Beurre blanc

Die Schalotte in feine Würfel schneiden und im Topf mit dem Sherryessig und dem Weisswein reduzieren, bis die meiste Flüssigkeit verdampft ist. Den Rahm dazugeben und 5 Minuten köcheln lassen. Dann die kalten Butterwürfel mit einem Stabmixer unter die Reduktion mixen. Mit Salz, Pfeffer, Zitronensaft und gemahlenem Koriander würzen. Warm halten, aber nicht mehr aufkochen.

Seeteufel

Die Seeteufelfilets in 8 gleich grosse Medaillons schneiden, leicht plattieren und mit Salz und Pfeffer würzen. Sofort in einer vorgeheizten Pfanne in Butaris kurz und scharf anbraten. Aus der Pfanne nehmen und im vorgeheizten Backofen bei 80 °C für ca. 5 Minuten ziehen lassen. Dann gleich mit dem Servieren beginnen.

Zweierlei vom Roquefort mit Apfel-Rosinenkompott

Rezept für 4 Personen

Apfel-Rosinenkompott

4 Äpfel
2–3 EL Zucker
100 ml Apfelsaft
¼ Zitrone
½ Vanilleschote
¼ Zimtstange
50 g Rosinen

Roquefortschaum

2–3 EL Zucker
5 cl weisser Portwein
5 cl Sherry Cream
200 ml Rahm
1 kleiner Rosmarinzweig, nur die Nadeln
200 g Roquefort, ohne Rinde
Salz, Pfeffer

Für die Garnitur:
100 g Roquefort, ohne Rinde
cremiger Balsamico
Haselnüsse, ganz, geröstet

Apfel-Rosinenkompott

In einem Topf den Zucker hellbraun karamellisieren und mit dem Apfelsaft ablöschen. Die Äpfel waschen, schälen, das Kerngehäuse entfernen und in kleine Würfel schneiden. Den Saft der Zitrone auspressen. Die Apfelwürfel mit dem Zitronensaft, der Zimtstange und der Vanilleschote dazugeben und zugedeckt zu Brei kochen. Danach die Zimt- und Vanilleschote herausnehmen, die Rosinen dazugeben und kalt stellen.

Roquefortschaum

Erneut Zucker im Topf hellbraun karamellisieren, mit Portwein und Sherry ablöschen und um die Hälfte reduzieren. Rahm, Rosmarin und Roquefort dazugeben und im Topf ziehen lassen. Mit Salz und Pfeffer abschmecken. Die Masse mit einem Pürierstab mixen, durch ein feines Spitzsieb passieren und in eine Espumaflasche füllen. Im Kühlschrank erkalten lassen und mit 1–2 CO_2-Kapseln befüllen.

Das Apfel-Rosinenkompott anrichten und den Roquefortschaum daraufspritzen. Mit Balsamico einen Strich ziehen und ein paar Haselnüsse darauf anrichten. Den restlichen Roquefort in Stücke schneiden und daneben setzen.

Würzige Gemüsebouillon mit grünem Spargel und Shimeji-Pilzen

Knusprige Reisröllchen auf Walnuss-Mangold mit Burgundersauce

Kaiserschmarren mit Zitrusfruchtsalat und Mandelmilchsorbet

Peter Pöpl

In *Teufels Küche* von 1990 bis 1993 und seit Januar 2003

1990 war ich am Morgenstreich in Basel und mir gefiel das Konzept des *Teufelhofs* sehr. Damals arbeitete ich in Bern und meine Frau in Freiburg im Breisgau, weshalb ich gerne eine Stelle näher bei Freiburg annahm. Ich habe drei Jahre lang im *Teufelhof* gearbeitet und war dann zehn Jahre lang selbstständig. Meine Frau und ich hatten ein Café und Tea Room in Freiburg eröffnet. Nun bin ich inzwischen schon wieder das elfte Jahr im *Teufelhof*. Als Chef Patissier mache ich Süssspeisen, Brot und Brötchen, Gipfeli, Pralinés und Friandises. Natürlich mache ich nicht alles selber, sondern mithilfe der Kollegen in der Küche. Auch zu Hause stehe ich gerne am Herd und koche für meine Familie. Für dieses Kochbuch habe ich mich für vegane Rezepte entschieden. Was mir am Kochen gut gefällt, sind die kreative Seite und die stetigen Veränderungen im *Teufelhof*, die halten mich und das Team flexibel.

Würzige Gemüsebouillon mit grünem Spargel und Shimeji-Pilzen

Vegan
Rezept für 4 Personen

Gemüsebouillon

1 l Wasser
250 g Wurzelgemüse
Piment
1 Lorbeerblatt
12 Blätter Basilikum, klein geschnitten
1 Stange Zitronengras, klein geschnitten

Suppeneinlage

2 Lauchzwiebeln, Garnitur
8 Stangen grüner Spargel

Wan Tan mit Shimeji-Pilzen

200 g Shimeji-Pilze (Vitalpilz)
2 EL Sojasauce
5 El Sesamöl
24 Wan-Tan-Teigblätter (ohne Ei)

Gemüsebouillon

Wasser aufkochen, Wurzelgemüse waschen, schälen, grob hacken und dazugeben. Mit Piment und Lorbeer würzen und bei leichter Hitze 1 Stunde ziehen lassen. Dann durch ein Sieb passieren und beiseite stellen.

Suppeneinlage

Lauchzwiebeln waschen und in feine Streifen schneiden. Den Spargel waschen, schälen und in Streifen schneiden. Dann beides in kochendem Salzwasser kurz blanchieren und beiseite stellen.

Wan Tan mit Shimeji-Pilzen

Pilze putzen, klein schneiden, mit Sojasauce und Sesamöl in einer Pfanne andünsten und danach kalt stellen. Die kalte Pilzfüllung löffelweise auf die Wan-Tan-Blätter verteilen, ein weiteres Wan-Tan-Blatt darüberlegen und auf der Seite festdrücken. Die Gemüsebouillon aufkochen und die Wan-Tan-Blätter darin ca. 10 Minuten garen. Danach die Wan-Tan herausnehmen und in die Suppenteller mit dem Spargel und den Lauchzwiebeln legen.

300 ml Gemüsebouillon in eine Espressokanne geben. In den Filter klein geschnittenes Zitronengras und Basilikumblätter geben, kurz aufkochen und dann ebenfalls in die Suppenteller giessen.

Knusprige Reisröllchen auf Walnuss-Mangold mit Burgundersauce

Vegan
Rezept für 4 Personen

Reisröllchen

100 g Duftreis
10 g Hefe
100 g Mehl
250 ml Wasser
1 Prise Salz
4 Reisblätter (Grösse A5)
250 ml Erdnussöl

Burgundersauce

2 Schalotten
250 ml Gemüsebouillon
250 ml Burgunderwein
1 TL Kartoffelmehl
2 EL Sojasauce
Salz, Pfeffer

Walnuss-Mangold

200 g junge, kleine Mangoldblätter
1 Knoblauchzehe, fein gehackt
50 g Walnusskerne, geschält
Öl

Reisröllchen

Reis im Salzwasser bei schwacher Hitze 15 Minuten garen, abgiessen und kalt stellen. Für den Ausbackteig Hefe, Mehl und Wasser mit einer Prise Salz zu einem Teig verrühren und ca. 15 Minuten gären lassen. Den kalten Reis in die Reisblätter einwickeln, im Ausbackteig wenden und im heissen Erdnussöl bei 180 °C goldbraun backen.

Burgundersauce

Schalotten schälen, in feine Würfel schneiden und andünsten. Mit Gemüsebouillon und Rotwein ablöschen, dann auf die Hälfte reduzieren. Danach mit einem Stabmixer fein pürieren und mit Kartoffelmehl leicht abbinden. Zum Schluss mit Sojasauce, Salz und Pfeffer abschmecken und warm stellen.

Walnuss-Mangold

Mangold waschen und schneiden, den Knoblauch schälen und fein hacken. Den Knoblauch mit den Walnusskernen in Öl kurz andünsten, geschnittenen Mangold dazugeben und mitdünsten.

Alles gemeinsam auf Tellern anrichten.

Kaiserschmarren mit Zitrusfruchtsalat und Mandelmilchsorbet

Vegan
Rezept für 4 Personen

Fruchtsalat

1 rosa Grapefruit
2 Orangen
3 Mandarinen
1 EL brauner Zucker

Schmarren

250 g Hafermilch
120 g Dinkelmehl
1 TL Weinstein Backpulver
1 TL Sojalecithin
2 EL Erdnussöl
1 EL brauner Zucker
30 g frische Cranberrys

Sorbet

1 l Mandelmilch
5 g Pektin
200 g brauner Zucker
½ Limette

Fruchtsalat

Zitrusfrüchte schälen, filetieren, zusammenmischen und mit etwas Zucker marinieren.

Schmarren

Hafermilch, Dinkelmehl, Backpulver und Sojalecithin in eine Schüssel geben, mit einem Schneebesen zu einem Teig verrühren und bei Zimmertemperatur ca. 15 Minuten ruhen lassen. Dann in einer Pfanne mit Erdnussöl bei schwacher Hitze aus dem Teig einen dicken Pfannkuchen beidseitig goldbraun braten. Den Pfannkuchen in 1,5 cm grosse Würfel schneiden. Die Würfel mit 1 EL Erdnussöl, Zucker und Cranberrys in einer Pfanne karamellisieren. Dann sofort anrichten.

Sorbet

Mandelmilch, Pektin und Zucker aufkochen, mit Limettensaft abschmecken und in der Glacemaschine gefrieren lassen.

Wer keine Glacemaschine hat, kann die Masse in einem Gefäss in den Tiefkühler stellen und für mindestens 4 Stunden einfrieren. Dabei jede Stunde das Sorbet gut verrühren.

Zitrusfrüchtesalat mit dem Schmarren und dem Sorbet auf einem Teller schön anrichten.

Eigelb, Spinat, Pilze

—

Entenbrust mit Rotkraut, Cranberrys und Wallnusscrumble

—

Variation von Blutorange und Schokolade

Philipp Wiegand

In *Teufels Küche* von Januar 2005 bis Dezember 2008

Wenn ich bei einem Gläschen gut gekühltem Riesling an meinen Freund Michael Baader denke, fällt mir unweigerlich mein alter Lateinlehrer ein, der jedem seiner Schüler ein Lebensmotto mit auf den Weg gegeben hat. Meines lautet: «Quidquid agis, prudenter agas et respice finem.» Was immer du tust, tu es klug und bedenke das Ende. Das passt schon, denke ich heute, wo ich den Gasthof *Neubad* in Binningen führe.

Alles fing damit an, dass das Küchentelefon in der *Traube Tonbach* läutete und jemand durch den Arbeitslärm schrie: «Für dich, Philipp!» «Hier ist der Michael vom *Teufelhof*», klang es kurz, aber freundlich aus dem Hörer und es folgte eine Einladung zu einem Vorstellungsgespräch. Ich hatte meine Bewerbung anderthalb Jahre zuvor im *Teufelhof* abgegeben, als ich mehr oder weniger zufällig in Basel vorbeikam. Damals dachte ich, dass ich mal gerne in dem Land arbeiten würde, das ich durch freundschaftliche Familienbande seit meiner frühesten Kindheit aus der Urlaubsperspektive kannte. Das Vorstellungsgespräch endete mit dem Handschlag, der das Papier ersetzt. Es folgten vier schöne, intensive Jahre gemeinsamen Arbeitens, in denen ich Einblick gewann in Michael Baaders Kochphilosophie. Essen ist eine ernste Sache, lautet der erste Satz eines italienischen Kochbuchklassikers. Da denken wir gleich an unsere deutschen Dichter und Denker: Ernst ist das Leben, heiter die Kunst. Wenn also das Essen schon eine ernste Sache ist, sollte das Kochen zumindest heiter sein. Und so ist es bei Michael Baader. Was immer er beim Kochen tut, tut er mit einer heiteren Ernsthaftigkeit, die mich in ihrer Umsichtigkeit, Nachhaltigkeit und Klugheit an mein lateinisches Lebensmotto erinnert. Das handwerklich Solide, ja Perfekte, hat in Michael Baaders Kochkosmos einen ganz hohen Stellenwert. Das war mir von Anfang an sympathisch. In meiner Heimat, dem Westfälischen, heisst es dazu in der unnachahmlichen Kürze der Fussballweisheit: «Entscheidend is auf'm Platz.» Oder, wer es gerne etwas themenbezogener hätte: «The proof of the pudding is in the eating.» Entscheidend ist, was am Ende eines aufwendigen Zubereitungsprozesses auf dem Teller ist. Und Michael Baaders Erfolg gibt ihm recht. Sein geheimes Erfolgsrezept könnte lauten: Was immer du tust, tu es klug und bedenke das Ende. Chapeau!

Eigelb, Spinat, Pilze

Rezept für 4 Personen

In Butter pochiertes Eigelb
4 Eier
250 g Butter

Croûtons
1 Scheibe Weissbrot/Toastbrot
(ohne Rinde)
50 g Butter
1 Thymianzweig (gezupfte Blättchen)
Salz

Spinatpüree
400 g Blattspinat
40–60 ml Rahm
Salz, Pfeffer, Muskat

Parmesanchips
60 g Parmesan, gerieben

Pilzespuma
300 g Champignons
1 EL Schalotten
2 EL Butter
400 ml Gemüsebouillon
200 ml Rahm
1 Thymianzweig

In Butter pochiertes Eigelb
Die Butter in einem Topf auf ca. 50 °C schmelzen. Die flüssige Butter in einen anderen Topf oder eine Schüssel umleeren, da der Boden des Gefässes nicht heiss sein darf. Das Eigelb vom Eiweiss trennen und langsam in die Butter gleiten lassen. 10–15 Minuten an einem warmen Ort ziehen lassen und sofort servieren.

Croûtons
Das Weissbrot in Würfel schneiden und mit der Butter in einer Pfanne goldbraun braten. Zum Schluss Salz und Thymian dazugeben.

Spinatpüree
Rahm in einem Topf erwärmen. Den Spinat in kochendem Salzwasser kurz blanchieren und dann sofort in kaltem Wasser abschrecken. Spinat trocken legen, leicht ausdrücken und mit dem erwärmten Rahm in einem Mixer fein pürieren. Mit Salz, Pfeffer und Muskat abschmecken.

Parmesanchips
Parmesan auf ein Backpapier reiben und bei 180 °C kurz in den Ofen schieben. Wenn der Parmesan verlaufen ist und leicht Farbe bekommen hat, herausnehmen und vom heissen Blech nehmen. Im kalten Zustand in kleinere Stücke brechen.

Pilzespuma
Champignons waschen, putzen und klein schneiden. Schalotte schälen und in kleine, feine Würfelchen schneiden. Die Champignons in Butter scharf anbraten, dann die Schalottenwürfel hinzugeben und mit der Gemüsebouillon ablöschen. Auf die Hälfte reduzieren lassen, dann Rahm und Thymian hinzufügen und ca. 5 Minuten weiter köcheln lassen. Thymianzweig herausnehmen, in einem Mixer fein pürieren und gegebenenfalls durch ein Sieb passieren. In einen Thermowhip oder Rahmbläser füllen, diesen schliessen und dann mit 2 CO_2-Patronen betanken. Falls kein Rahmbläser vorhanden ist, kann man die Pilzsauce in einem Topf mit einem Mixer aufschäumen.

Den erhitzten Spinat in Gläser füllen, langsam das pochierte Eigelb auf dem Spinat platzieren und dann die Croûtons um das Eigelb legen. Das Glas mit Pilzespuma auffüllen und mit den Parmesanchips garnieren.

Entenbrust mit Rotkraut, Cranberrys und Wallnusscrumble

Rezept für 4 Personen

Entenbrust

2 Entenbrüste

50 ml Balsamicoessig

6 weisse Pfefferkörner

1 EL Rosmarinnadeln

1 EL Honig

2 Knoblauchzehen

3 Wacholderbeeren

200 ml Traubenkernöl

½ EL Sesamöl

40 g Butterfett

Salz, Pfeffer aus der Mühle

Rotkrautsalat

2 kleine Köpfe Rotkraut

400 ml Apfelsaft

400 ml Rotweinessig

30 g Honig

14 Pfefferkörner, weiss, fein gemahlen
oder zerstossen

10 g Senfkörner

30 ml Himbeeressig

10 ml Wasser

40 g Cranberrys, fein gehackt

Salz

Wallnusspüree

80 g Zucker

200 g Wallnüsse

Rahm (nach Bedarf)

Wallnusscrumble

25 g Rohrzucker

25 g Butter

25 Wallnüsse

22 g Mehl

1 Messerspitze Backpulver

Cranberrypüree

150 g Cranberrys

150 ml Himbeeressig

Entenbrust

Die Entenbrüste parieren, die Sehnen sauber entfernen und – falls vorhanden – Federkiele mit einer Pinzette entfernen.

Für die Marinade Balsamicoessig, Pfefferkörner, Rosmarinnadeln, Honig, geschälte Knoblauchzehen und Wacholderbeeren in einen Mixer geben, gut durchmixen und das Traubenkern- und Sesamöl langsam einlaufen lassen. Die Entenbrüste mit der Marinade einstreichen und 1–2 Tage im Kühlschrank kühl stellen.

Dann die Entenbrüste aus der Marinade nehmen, mit Küchenpapier gut abtupfen und mit Salz und Pfeffer aus der Mühle würzen. In einer Pfanne bei mittlerer Hitze auf der Hautseite anbraten und dann im Ofen bei 170 °C auf jeder Seite ca. 3 Minuten weiter braten. Nach dem Braten an einem warmen Ort noch 5–10 Minuten ruhen lassen und dann servieren.

Rotkrautsalat

Vom Rotkraut die äusseren Blätter und den Strunk entfernen. Einen Rotkrautkopf in feine Streifen schneiden und den anderen entsaften. Für das Dressing wird Rotkrautsaft, Apfelsaft und Essig in einen Topf gegeben, aufgekocht und auf 150 ml reduziert. Danach den Honig, Pfeffer und 1 Messerspitze Salz beifügen. Die Senfkörner mit dem Himbeeressig und Wasser in einer Schale miteinander vermischen, 1 Messerspitze Salz beifügen und

2 Stunden quellen lassen. Danach werden die Cranberrys fein gehackt, mit dem Dressing und den gequollenen Senfkörnern vermischt und das hauchfein geschnittene Rotkraut damit mariniert. Den Rotkrautsalat kann man gut auch schon am Vortag zubereiten.

Wallnusspüree

Zucker in eine Pfanne geben und auf mittlerer Hitze leicht karamellisieren, dann die Wallnüsse hinzufügen und mit Rahm ablöschen. Solange köcheln lassen, bis die Wallnüsse weich sind und fast kein Rahm mehr übrig ist. Danach glatt mixen.

Wallnusscrumble

Rohrzucker, weiche Butter, gemahlene Wallnüsse, Mehl und etwas Backpulver miteinander vermengen, bis eine krümelige Masse entsteht. Danach auf ein Backblech streuen und bei 180 °C 6 Minuten backen.

Cranberrypüree

Cranberrys mit Himbeeressig vermischen und in einem Topf köcheln lassen, bis die Cranberrys weich sind. Falls mehr Flüssigkeit gebraucht wird, etwas Wasser nachgiessen. Danach mit einem Stabmixer fein pürieren.
Den Rotkrautsalat mittig auf dem Teller platzieren, die rosa gegarte Entenbrust halbieren oder in dünne Scheiben schneiden und an den Salat legen. Pürees und Crumble rundherum anrichten.

Variation von Blutorange und Schokolade

Rezept für 4 Personen

Schokoladen-Blutorangen-Parfait

100 ml Rahm

1 Blutorange, Abrieb

45 g Crème fraîche

45 g Zucker

30 g Eiweiss

40 g Zartbitterschokolade 73%

Blutorangenfilets

2 Blutorangen

Karamellcreme

1 Dose Kondensmilch, gezuckert

Blutorangen-Panna cotta

100 ml Blutorangensaft

100 ml Rahm

3 Gelatineblätter

30 g Zucker

Blutorangengelee

240 ml Blutorangensaft

240 g Zucker

3 Gelatineblätter

Schokoladen-Honig-Ganache

80 ml Rahm

30 g Honig

150 g Schokolade 70%

15 g Butter

Kakaopulver

Schokoladen-Blutorangen-Parfait

Den Rahm in einem Topf zum Sieden bringen und den Blutorangenabrieb hinzufügen. Den Topf dann vom Herd nehmen und 15 Minuten ziehen lassen. Danach durch ein Sieb passieren. Die Crème fraîche mit 30 ml des erkalteten Blutorangenrahms mit einem Handmixer aufschlagen. Den Zucker und das Eiweiss in eine Schüssel geben und ebenfalls aufschlagen. Nun alles miteinander vermengen und dann die geriebene Zartbitterschokolade unter die Masse heben. Zum Schluss in Förmchen abfüllen und für mindestens 6 Stunden tieffrieren. Vor dem Servieren die Förmchen 10 Minuten bei Zimmertemperatur antauen lassen, dann stürzen.

Blutorangenfilets

Die Blutorangen schälen und filetieren.

Karamellcreme

Die ganze Konserve 2 Stunden lang in einem Topf mit Wasser köcheln lassen, danach kalt stellen.

Blutorangen-Panna cotta

Die Gelatine in kaltem Wasser einweichen. Den Rahm und den Zucker zusammen in einen Topf geben und aufkochen. Anschliessend die Gelatine ausdrücken und hinzugeben. Den Topf vom Herd nehmen und so lange umrühren, bis die Gelatine sich vollständig aufgelöst hat. Dann den Blutorangensaft einrühren und alles in 4 Förmchen (z. B. Eierbecher) abfüllen. Für 2–3 Stunden kalt stellen. Wenn die Panna cotta fest ist, die Förmchen kurz in heisses Wasser stellen und dann stürzen.

Blutorangengelee

Die Gelatine in kaltem Wasser einweichen. Den Zucker und den Saft einmal aufkochen und dann gleich vom Herd nehmen. Die eingeweichte und ausgedrückte Gelatine einrühren, bis diese vollständig aufgelöst ist. Die Flüssigkeit auf ein Blech giessen und kalt stellen, bis das Gelee fest geworden ist. Gelee nach Belieben ausstechen oder durch eine Kartoffelpresse drücken.

Schokoladen-Honig-Ganache

Den Rahm zusammen mit dem Honig in einen Topf geben und bei mässiger Hitze zum Sieden bringen. Die gehackte Schokolade in eine Schüssel geben, dann den warmen Honigrahm hinzugeben und mit einem Handmixer zu einer glatten Masse verrühren. Danach die weiche Butter unter die Masse ziehen. In eine mit Klarsichtfolie ausgelegte Form giessen und kalt stellen. Schokoladen-Honig-Ganache mit einem Messer – Klinge kurz unter heisses Wasser halten – in beliebig grosse Würfel schneiden. Kakaopulver auf einem Teller verteilen und die Würfel darin wälzen.

Die Kondensmilchkonserve mit einem Dosenöffner öffnen und die Karamellcreme mit einem Messer auf den Teller streichen. Das Panna cotta, die Filets, die Geleeformen, das Parfait und die Ganachewürfel auf diesem Karamellstrich anrichten.

Kalte Mandel-Knoblauch-Suppe mit Safranschaum

—

Gebratene Riesengarnelen mit Couscous und Babylattich

—

Ricotta-Zitronen-Kuchen mit gebrannten Pinienkernen und Kirschen

Simone Haselier

In *Teufels Küche* von Mai 2006 bis September 2009

Ich bin 1980 in Berlin-Schöneberg geboren und habe mich relativ spät
für eine Lehre in der Küche entschieden. Um mein Abitur nachzuholen,
absolvierte ich für das Fachabitur ein Anerkennungsjahr in einem Hotel.
In fast allen Abteilungen wurde es mir ziemlich schnell langweilig – aber
nicht in der Küche! Kaum fing der Arbeitstag in der Küche an, war er
auch schon wieder vorbei. Hier gefiel mir einfach alles: die Geschwindig-
keit, die Atmosphäre, der Geruch, der Umgangston, selbst die Arbeit zu
Unzeiten. Schliesslich fing ich in diesem Hotel eine Kochausbildung an
und blieb dabei. Einige Jahre später empfahl mir mein damaliger Chef
in Berlin-Kreuzberg, Marian Simunovic, mich im *Teufelhof* in Basel zu
bewerben. Das war mit Sicherheit eine der besseren Entscheidungen in
meinem Leben. Das, was ich bis heute meine «zweite Lehre» nenne, fing
an. Nie zuvor habe ich mit einem Küchenchef zusammengearbeitet, der
mit so viel Sorgfalt und Liebe zum Essen arbeitet. Ohne Effekthascherei
ist Michael Baader sich und seiner ehrlichen Küche treu geblieben. Und
Michael Baader ist wohl auch einer der herzlichsten Chefs, die ich kennenlernen durfte. Er schafft es, unabhängig vom Hintergrund des Mitarbei-
ters eine Arbeitsatmosphäre zu schaffen, die jedem gerecht wird. Dafür
und für vieles mehr möchte ich ihm danken. Er hat einen grossen Anteil
daran, dass ich mir bis heute keinen schöneren Beruf vorstellen kann!

Kalte Mandel-Knoblauch-Suppe mit Safranschaum

Rezept für 4 Personen

Suppe

200 g Mandeln, gehobelt

1 Schalotte

3 Knoblauchzehen

2 Selleriestangen

Olivenöl

100 ml Weisswein, trocken

600 ml Bouillon

1 Chili, getrocknet und gehackt

300 ml Rahm

1 Zitrone, unbehandelt

80 g Chorizo

Salz, Pfeffer

Safranschaum

1 Schalotte

Olivenöl

1 Messerspitze Safranpulver

2 cl Weisswein

2 cl Bouillon (Gemüse, Kalb, Geflügel – je nach Vorliebe)

100 ml Rahm

Salz, Pfeffer

Suppe

Die Mandeln in einer Teflonpfanne langsam auf kleiner Stufe goldbraun rösten. Die Schalotte und den Knoblauch schälen und in Würfel schneiden. Den Stangensellerie waschen, die Fäden abziehen und in kleine Würfel schneiden. Die Hälfte vom Sellerie in kochendem Salzwasser kurz blanchieren, dann in Eiswasser abschrecken und beiseite legen. Die andere Hälfte mit der Schalotte und dem Knoblauch in Olivenöl glasig anziehen. Mit Weisswein und Bouillon ablöschen und um die Hälfte reduzieren lassen. Die Mandeln, Chili und Rahm dazugeben und 15 Minuten köcheln lassen. Nun die Suppe mit Zitronenabrieb, Zitronensaft, Salz und Pfeffer abschmecken und nochmals aufkochen lassen. Mit einem Mixer pürieren, durch ein feines Sieb passieren und im Kühlschrank kalt stellen.

Die Chorizo schälen, in Würfel schneiden und kurz vor dem Servieren in einer Pfanne farblos mit etwas Öl anschwitzen und auf einem Küchentuch abtropfen lassen.

Safranschaum

Die Schalotte schälen, in kleine Würfel schneiden und in wenig Olivenöl in einem kleinen Topf glasig anschwitzen. Dann Safranpulver dazugeben, mit Weisswein und Bouillon ablöschen und reduzieren lassen. Das Ganze mit Salz und Pfeffer würzen, Rahm dazugeben und aufkochen. Nun abpassieren und vor dem Servieren aufkochen. Dann mit dem Stabmixer schaumig schlagen.

Tipp: Den Safranschaum zubereiten, während die Suppe am Köcheln ist.

Die kalte Suppe in Gläsern anrichten und den Safranschaum daraufgeben. Mit blanchierten Stangenselleriewürfeln und noch warmer Chorizo garnieren.

Gebratene Riesengarnelen mit Couscous und Babylattich

Rezept für 4 Personen

Gebratene Riesengarnelen

24 Riesengarnelen
½ Schalotte
1 Knoblauchzehe
Olivenöl
Cognac, Salz, Pfeffer
20 g Butter

Babylattich

2 Babylattich
Olivenöl

Couscous

250 g Couscous
1 Selleriestange
1 Karotte
1 Pfälzer Karotte
½ Stange Lauch
1 Schalotte
20 g Butter
4 Radieschen
Schnittlauch
Salz, Pfeffer, Chili, Koriander
Olivenöl

Nussbutter

100 g Butter
20 g Ingwer
80 g Bouillon (Gemüse, Kalb, Geflügel –
je nach Vorliebe)
Sojasauce
Koriandersaat
1 Limette, unbehandelt

Gebratene Riesengarnelen

Die Garnelen schälen, den Darm entfernen, am dicken Ende bis zur Hälfte einschneiden und kalt stellen. Später die Garnelen mit Salz und Pfeffer würzen und in einer heissen Pfanne mit Olivenöl anbraten. Kurz vor Ende der Garzeit Schalottenwürfel, Knoblauchwürfel und einen kleinen Butterwürfel dazugeben, mit Cognac flambieren und dabei schwenken. Die Garnelen sollten noch glasig sein. Sofort anrichten und servieren.

Babylattich

Babylattich waschen, vierteln und den Strunk so weit entfernen, dass die Blätter gerade noch zusammengehalten werden. Auf ein Ofenblech mit Backpapier legen, mit Olivenöl beträufeln und beiseite stellen. Den Babylattich zuletzt im vorgeheizten Ofen bei 180 °C ca. 4 Minuten backen.

Couscous

Karotten, Sellerie und Lauch waschen, schälen und in sehr kleine, feine Würfel schneiden. Alles in kochendem Salzwasser 1–2 Minuten kurz blanchieren und danach in Eiswasser abschrecken. Die Schalotte schälen, in feine Würfel schneiden und in der Butter glasig anschwitzen. Die Radieschen in feine Würfel, den Schnittlauch in feine Ringe schneiden und für die Garnitur aufbewahren. Den Couscous nach Anleitung vorbereiten und quellen lassen. Darauf achten, dass er schön körnig bleibt. Mit dem Gemüse vermischen, mit Salz, Pfeffer, Chili und Koriander abschmecken und mit etwas Olivenöl beträufeln.

Nussbutter

Butter in einen Topf geben und bei leichter Hitze schmelzen lassen. Die Butter unter ständigem Rühren so lange kochen, bis sie eine hellbraune Farbe annimmt. So bekommt sie einen nussigen Geschmack. Dann durch ein Sieb giessen, den Ingwer schälen, klein würfeln und dazugeben. Mit der Bouillon ablöschen (es spritzt!). Sojasauce und gemahlenen Koriander dazugeben, Limette waschen und den Abrieb und Saft hinzufügen. Den Couscous auf die Teller verteilen und mit der warmen Nussbutter überziehen.

Ricotta-Zitronen-Kuchen mit gebrannten Pinienkernen und Kirschen

Rezept für 4–6 Personen

Gebrannte Pinienkerne

60 g Pinienkerne

60 g Zucker

30 g Wasser

Ricotta-Zitronen-Kuchen

350 g Mürbeteig

350–450 g frischer Ricotta

2 Eier

2 Eigelb

60 g Honig

70 g Puderzucker

3 g Zimt, gemahlen

20 g Marsala

1 Amalfi-Zitrone oder ersatzweise 2 handelsübliche Zitronen (unbehandelt)

2 Eiweiss

Kirschen

250 g Kirschen

20 g Zucker

2 g Pektin

100 ml Weisswein

Vanilleschote

Zimt

Kirschwasser zum Abschmecken

Gebrannte Pinienkerne

Die Pinienkerne mit dem Zucker und dem Wasser sehr langsam und unter ständigem Rühren köcheln lassen. Sobald das Wasser verkocht ist, die Hitze reduzieren und den Zucker karamellisieren lassen. Anschliessend auf eine Silikonmatte (oder ein Backpapier) flach aufstreichen und auskühlen lassen. Während der Abkühlung die Pinienkerne stetig wenden.

Die Pinienkerne lassen sich gut vorbereiten und können an einem trockenen Ort gelagert werden.

Ricotta-Zitronen-Kuchen

Den Mürbeteig ausrollen und in eine gefettete Kuchenform geben. Im vorgeheizten Ofen für ca. 10 Minuten bei 170 °C blindbacken (nur den Teig backen, ohne Belag).

Sollte der Ricotta zu feucht sein, einfach in einem Passiertuch für eine halbe Stunde abhängen und abtropfen lassen. Das Gewicht sollte am Ende jedoch unbedingt 350 g betragen. Ricotta, Eier, Eigelb, Honig, die Hälfte des Puderzuckers, Zimt und Marsala mit einem Schneebesen verrühren. Danach den Zitronenabrieb und etwas Zitronensaft dazugeben und verrühren. Eiweiss mit der anderen Hälfte des Puderzuckers mit einem Handmixer steif schlagen und vorsichtig unter die Ricotta-Ei-Masse heben. Die Masse in die Kuchenform füllen und ca. 20 Minuten bei 180 °C im vorgeheizten Ofen goldbraun backen.

Kirschen

Die Kirschen waschen und entkernen. Das Pektin und den Zucker miteinander vermengen und in den kalten Weisswein rühren. Die Zucker-Weisswein-Pektin-Mischung in eine Pfanne geben und langsam aufkochen. Das Mark der Vanilleschote ausschaben und mit etwas Zimt dazugeben. Die Kirschen in die kochende Flüssigkeit geben und kurz aufkochen. Zum Schluss mit etwas Kirschwasser abschmecken und abkühlen lassen.

Die gebrannten Pinienkerne über den portionierten Kuchen geben und die Kirschen dazu servieren.

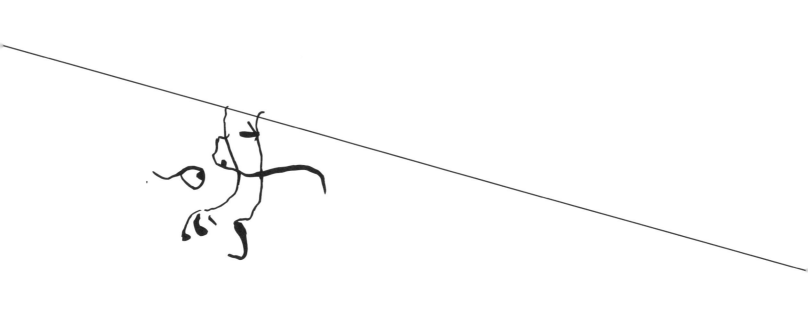

Marinierter Saibling mit Gurkenspaghetti und Wasabi-Espuma

—

Schweinskotelett mit grünem Spargel und Kartoffelgnocchi

—

Joghurtparfait, Baumnusskuchen und Rosmarin-Aprikosenkompott

Barbara Weissenberger

In *Teufels Küche* von Mai 2006 bis März 2010

Ich bin im Seeland aufgewachsen und habe meine Kochlehre in Mörigen im Restaurant *Seeblick* absolviert. Nach Stationen in Lenk, Ascona und Klosters habe ich vier Jahre in Basel im *Teufelhof* verbracht. Heute arbeite ich als Souschefin im Restaurant *Haberbüni* in Liebefeld, Bern. Der *Teufelhof* war und bleibt für mich immer ein Stück Familie. Ich habe mich bei Michael Baader und Aschi Zahnd in der Küche sofort wie zu Hause gefühlt. Dank ihnen war es möglich, aussergewöhnliche Gerichte zu kreieren – von der Molekularküche bis zum ganzen Federwild: Alles war machbar! Wir waren ein tolles Team, das auch im Hochbetrieb während der Fasnacht, der Uhren- und Schmuckmesse und der ART Basel alles bewältigt hat. In Erinnerung geblieben sind mir besonders auch die schönen Mitarbeiterfeste und Abende mit «Herdfondue». Unser Job ist sehr kreativ und vielfältig. Kochen ist für mich eine Leidenschaft, die hoffentlich niemals erlischt!

Frank Weissenberger

In *Teufels Küche* von Oktober 2006 bis Februar 2010

Ich bin im tiefsten Bayern aufgewachsen. Nach meiner Lehre im *Schindlerhof* in Nürnberg hat es mich in die Schweiz gezogen und nach ein paar Jahren Saisonarbeit hatte ich das grosse Glück, im *Teufelhof* arbeiten zu können. Nach vier Jahren habe ich mich dann entschieden, nach Bern zu gehen. Heute bin ich Küchenchef im *Volkshaus 1914, Hotel Bern*. Das Restaurant wurde im August 2013 komplett renoviert. Das Kochen gehört für mich essenziell zum Leben und ist nicht einfach nur ein Job, der nach dem Feierabend aufhört. Ob auf Reisen oder im Privaten zu Hause steht der kulinarische Aspekt häufig im Vordergrund.

Marinierter Saibling mit Gurkenspaghetti und Wasabi-Espuma

Rezept für 4 Personen

Marinierter Saibling

4 Saiblingsfilets ohne Gräten und
ohne Haut, ca. 60–80g
5 g Zucker
8 g Salz
30 g frischer Dill
½ Orange
½ Zitrone

Saiblingstatar

1 Schalotte
2 EL gutes Olivenöl
½ Limette
Fleur de Sel, Pfeffer

Kressesalat mit Sesamvinaigrette

Kressesalat
30 ml Sesamöl
30 ml Rapsöl
30 ml Weissweinessig
20 ml Gemüsebouillon
10 g schwarzer Sesam
Salz, Pfeffer

Gurkenspaghetti

1 Gurke
Salz

Wasabi-Espuma

200 ml Vollrahm
20 g Wasabipaste
½ Zitrone
Salz, Pfeffer

Marinierter Saibling

Die Saiblingsfilets mit Zucker und Salz gleichmässig bestreuen, Dill hacken und darauf verteilen. Orange und Zitrone schälen, in Scheiben schneiden und darauflegen. 24 Stunden marinieren, danach die Filets abwaschen und trocken tupfen. 4 schöne Tranchen aus den Filets schneiden, den Rest für das Tatar fein in Würfel schneiden.

Saiblingstatar

Die Schalotte schälen, fein würfeln und im Olivenöl andünsten. Das geschnittene Tatar mit Limettensaft, Schalotten mit Olivenöl vermischen und mit Fleur de Sel und Pfeffer würzen.

Kressesalat mit Sesamvinaigrette

Sesamöl, Rapsöl, Weissweinessig, Gemüsebouillon mit dem Stabmixer vermengen, mit Salz und Pfeffer würzen und danach den Sesam beigeben. Dann den Kressesalat mit der Sesamvinaigrette marinieren.

Gurkenspaghetti

Die Gurke waschen, schälen und mit dem Spiralschneider zu Spaghetti schneiden. Salz auf ein Blech streuen, Gurken darauflegen, etwas salzen und 15 Minuten ziehen lassen. Anschliessend das Wasser abschütten.

Wasabi-Espuma

Vollrahm mit der Wasabipaste aufkochen und gut verrühren. Mit Zitronensaft, Salz und Pfeffer würzen. In einen Rahmbläser abfüllen und kühl stellen. Falls keine Flasche vorhanden ist, in einem Topf mit dem Mixer aufschäumen.

Schweinskotelett mit grünem Spargel und Kartoffelgnocchi

Rezept für 4 Personen

Schweinskotelett

1 kg Schweinskotelett am Stück
mit Haut
Öl
Salz, Pfeffer

Sauce Hollandaise

180 g Butter
1 Schalotte
1 Stängel frische Petersilie
1 Stängel frischer Estragon
1 Lorbeerblatt
150 ml Weisswein
5 weisse Pfefferkörner
2 EL Weissweinessig
3 Eigelb
Salz, Cayennepfeffer, Zitronensaft

Schalottenkonfit

6 Schalotten
200 ml Rotwein
50 ml Aceto Balsamico
1 Lorbeerblatt
1 Thymianzweig

Grüner Spargel

12 Stangen grüner Spargel
½ Orange
20 g Butter

Kartoffelgnocchi

440 g Kartoffeln, mehlig
1 Ei
100 g Weissmehl
Salz, Pfeffer, Muskat
Butter

Schweinskotelett

Das Schweinskotelett mit Salz und Pfeffer würzen und auf der Hautseite in Öl langsam anbraten, bis die Haut kross wird. Danach mit der Hautseite nach oben im Backofen bei 150 °C auf eine Kerntemperatur von 58 °C garen.

Sauce Hollandaise

Die Butter in einem Topf schmelzen. Währenddessen die Schalotte schälen, würfeln und in einen weiteren Topf geben. Petersilie, Estragon, ein Lorbeerblatt, etwas Essig, Weisswein und Pfefferkörner dazugeben, aufkochen und auf ein Viertel reduzieren. In eine Metallschüssel durch ein Sieb passieren, Eigelb hinzufügen und auf nicht zu heissem Wasserbad zu einer cremig dicken Masse mit einem Schneebesen aufschlagen. Die Schüssel vom Wasserbad nehmen und unter ständigem Rühren die Butter langsam zufügen. Mit Salz, Cayennepfeffer und Zitronensaft abschmecken.

Schalottenkonfit

Schalotten schälen und in Streifen schneiden. Zusammen mit Rotwein, Aceto Balsamico, Lorbeerblatt und Thymian in einem Topf sirupartig einkochen lassen. Zum Schluss das Lorbeerblatt und den Thymianzweig wieder herausnehmen.

Grüner Spargel

Spargel im unteren Drittel abschälen, im Salzwasser mit der Orange weich kochen und danach im Eiswasser abschrecken. In der geschmolzenen Butter wärmen.

Kartoffelgnocchi

Kartoffeln im Salzwasser sieden, bis sie knapp gegart sind. Dann schälen und pürieren, das Ei dazumischen, mit Salz, Pfeffer und Muskat abschmecken und auskühlen lassen. Weissmehl unter die erkaltete Kartoffelmasse mischen. Gleichmässige Rollen von 1 cm Durchmesser formen, in gleich grosse Stückchen schneiden und über den Rücken einer Essgabel rollen. Zirka 5 Minuten im Salzwasser pochieren, in einem Sieb abtropfen lassen und in der Butter goldgelb anbraten.

Joghurtparfait, Baumnusskuchen und Rosmarin-Aprikosenkompott

Rezept für 4 Personen

Joghurtparfait

½ Zitrone

3 Eigelb

100 g Zucker

200 ml Vollrahm

150 g griechischer Naturejoghurt

Baumnusskuchen

Teig:

60 g Butter

1 Ei

70 g Zucker

50 g Baumnüsse, gemahlen

100 g Weissmehl

3 g Backpulver

1 Prise Salz

Zimt und Lebkuchengewürz zum Abschmecken

Füllung:

200 g Zucker

200 ml Vollrahm

200 g Baumnüsse

Rosmarin-Aprikosenkompott

1 EL Olivenöl

20 g Zucker

2 Rosmarinzweige

200 g Aprikosen

Joghurtparfait

Die Schale einer halben Zitrone mit einer Raffel in eine wärmebeständige Schüssel geben, den Saft auspressen und ebenfalls beigeben. Das Eigelb und den Zucker in die Schüssel geben und über einem heissen Wasserbad mit einem Schneebesen zu einer dicklichen Creme aufschlagen. Anschliessend die Creme in der Schüssel auf einem Bad mit Eiswasser schlagen, bis die Masse kalt ist. Den Rahm steif schlagen und zusammen mit dem Joghurt mithilfe eines Teigschabers unter die Masse heben. In tiefkühlgeeignete Förmchen abfüllen und mindestens 4 Stunden tiefkühlen.

Baumnusskuchen

Die Butter, das Ei und den Zucker schaumig schlagen. Dann die restlichen Zutaten für den Teig beifügen und zu einem Teig verkneten. Eine runde Backform mit 20 cm Durchmesser mit Butter einfetten, mehlen und mit dem Teig auslegen.

Für die Füllung den Zucker karamellisieren. Dafür den Zucker in einen Topf oder eine Pfanne geben und zum Schmelzen bringen, bis er bräunlich gefärbt ist. Sobald der Zucker karamellisiert ist, den Rahm vorsichtig beigeben und zu einem dicken Sirup einkochen. Den Sirup durch ein Sieb in eine Schüssel geben und mit den Baumnüssen vermischen. Die noch warme Masse gleichmässig auf dem Teig in der Form verteilen. Den Kuchen bei 180 °C ca. 15 Minuten backen. Dann den Kuchen aus dem Ofen nehmen und in der Form auskühlen lassen. Anschliessend den Kuchen in Stücke schneiden.

Rosmarin-Aprikosenkompott

Das Olivenöl in einer Bratpfanne erhitzen und zusammen mit dem Zucker hellbraun karamellisieren. Danach die Rosmarinnadeln vom Zweig zupfen und ebenfalls beifügen. Die Aprikosen waschen, halbieren, entsteinen und ebenfalls dazugeben. Das Ganze nun bei schwacher Hitze schwenken, bis sich der karamellisierte Zucker aufgelöst hat.

Die Förmchen mit dem Joghurtparfait aus dem Tiefkühler nehmen und auf einem Teller stürzen. Ein geschnittenes Stück Baumnusskuchen dazulegen und den noch lauwarmen Kompott dazu servieren.

Asiatische Tomaten-Chili-Essenz mit Steinbutt und Avocado

———

Perlhuhnroulade mit Pistazien, Mango und Wildkräutersalat

———

Lammrücken mit Süsskartoffel-Rosenpüree und Chorizojus

Christoph Hartmann

In *Teufels Küche* von August 2005 bis September 2008 und
von Juni 2011 bis September 2013

Insgesamt fünf Jahre verbinden mich mit dem *Teufelhof*, davon drei Jahre
Lehrzeit und zwei Jahre als Chef Tournant und als Wochenendvertretung
der Chefs. Ich bin 1988 in Liestal geboren und begann meine Laufbahn
im kreativsten Beruf der Welt schon mit 17 Jahren, als ich ein Austausch-
jahr in einem kleinen Restaurant in Charmey als Hilfskoch absolvierte.
2005 begann ich die Berufslehre im *Teufelhof* bei Michael Baader, der ein
grosses Vorbild für mich war. Ich bewundere noch heute sein Engagement,
seine Fähigkeit, ein Team bei Laune zu halten und sein unglaublich gutes
Handwerk. Ihm und Raphael Wyniger möchte ich an dieser Stelle danken, sie haben mich bei allem, was ich getan habe, unterstützt und weiter-
gebracht. Nach abgeschlossener Lehre arbeitete ich im Sommer 2009 als
Alleinkoch im *Hotel Consolina* in Gambarogno, wo ich vom Einkauf über
die Warenbewirtschaftung, das Budget der Küche und das Einhalten des
Hygienekonzepts für alles verantwortlich war. Danach ging es weiter nach
Davos für eine Saisonstelle als Chef de partie Entremetier im *Hotel Natio-
nal*. 2010 begann ich im Restaurant *Bad Bubendorf*, wo ich die ganze Produktion der Bankette sowie das Anrichten von Buffets bis 200 Personen
leiten konnte. 2011 zog es mich zurück in den Lehrbetrieb nach Basel.
Heute arbeite ich im *Landhof* in Pratteln, wo wir junge Leute mit Lern-
schwierigkeiten ausbilden. Es macht unglaublich Spass, unsere zehn Lehr-
linge von Tag zu Tag neu zu motivieren und Gelerntes mit viel Freude
weiterzugeben. Wir pflegen eine ausgewogene und kreative Küche, wo wir
ausschliesslich mit frischen und biologischen Produkten arbeiten. Das
Kochen ist für mich eine Leidenschaft mit enorm viel Herzblut, Freude
und Engagement. Meiner Kreativität und der Freude am Experimentieren
sind keine Grenzen gesetzt. Ich lasse mich von vielen Seiten inspirieren
und versuche, möglichst offen zu bleiben für jegliche Stilrichtung der
Kochkunst. Nicht alles gelingt, aber wie heisst es doch so schön: Wer
nichts riskiert, gewinnt nichts!

Asiatische Tomaten-Chili-Essenz mit Steinbutt und Avocado

Rezept für 4 Personen

Tomaten-Chili-Essenz

1 kg Rispentomaten
1 Zitronengrasstange
2 Limonenblätter
1 grosse Chili
½ Bund frischer Koriander
1 Schale Kefen
1 Schale Babymais
Salz

Avocadocreme

2 reife Avocados
2 EL Crème fraîche
1 Zitrone

Steinbutttatar

250 g Steinbuttfilet
2 Limetten
Olivenöl
Salz, Pfeffer

Tomaten-Chili-Essenz

Die Tomaten waschen, grob schneiden und leicht salzen. Mit einem Glas Wasser vermischen, kurz mixen und die Masse in ein Küchentuch geben. Das Tuch für ca. 3 Stunden aufhängen und den heraustretenden Fond auffangen.

Das Zitronengras zerklopfen und in einem Topf mit dem Fond, den Limonenblättern, dem Chili und dem Koriander ca. 30 Minuten auf leichter Stufe kochen. Danach durch ein Sieb passieren und nach Belieben würzen. Die Kefen und den Mais in Streifen schneiden, in kochendem Salzwasser 2 Minuten blanchieren und für die Garnitur beiseite legen.

Avocadocreme

Die Avocados halbieren, die Steine entfernen und mit einem Löffel aushöhlen. Grob hacken und mit der Crème fraîche und dem Saft der Zitrone in einem Mixer fein pürieren.

Steinbutttatar

Aus dem dicken Mittelstück des Filets 4 Tranchen schneiden, auf beiden Seiten mit Salz und Pfeffer würzen, kurz in Olivenöl glasig anbraten und auf Küchenpapier abtupfen, um Fettaugen zu vermeiden. Die dünnen Stücke des Filets zu einem Tatar fein hacken und mit Salz, Pfeffer und Limettensaft abschmecken.

Steinbuttfilet in einen Suppenteller legen und mit der heissen Essenz übergiessen. Die Avocadocreme und das Steinbutt-Tatar dazureichen.

Perlhuhnroulade mit Pistazien, Mango und Wildkräutersalat

Rezept für 4 Personen

Perlhuhnroulade

1 Perlhuhn, ganz
200 g Rahm
50 g Pistazien
50 g Aprikosen, getrocknet
3 EL Geflügelglace (oder 100 ml dunkler Geflügelfond)
2 EL Armagnac
Salz, Pfeffer

Mangochutney

1 grosse Chili
1 Mango
100 g Gewürztraminer
1 Schalotte, gehackt
Olivenöl
1 g Agar Agar
etwas weisser Portwein
1 EL Korinthen
3 EL Mangoessig
Salz, Pfeffer

Salat

200 g Wildkräuter
50 g stark gewürzter Rinderfond
50 g Aceto Balsamico
100 g Olivenöl
Salz, Pfeffer

Perlhuhnroulade

Die Perlhuhnbrüste auslösen, sodass möglichst viel Haut daran bleibt. Dann die Schenkel abschneiden und von den Knochen lösen. Die Haut beiseite legen. Das Schenkelfleisch ganz fein schneiden und mit Rahm und etwas Salz zu einer Farce verarbeiten. Aus den Knochen eine Glace herstellen, stark reduzieren und ca. 3 EL Geflügelglace zur Farce geben. Anstelle einer Glace kann auch 100 ml dunkler Geflügelfond verwendet werden, der ebenfalls auf 3 EL eingekocht werden sollte. Die Schüssel mit der Farce muss dabei immer auf einem Eiswasserbad kalt gestellt werden. Die Aprikosen und Pistazien grob hacken und mit dem Armagnac zur Farce geben. Eine Fläche mit Frischhaltefolie auslegen und die Perlhuhnbrüste mit der Hautseite nach unten aneinander legen. Mit dem Rest der Haut kann nun eine Fläche oberhalb der Brüste gelegt werden, sodass sie ausreicht, um die Brüste mit der Farce darin einzurollen. Die Brüste und die Haut mit Salz und Pfeffer würzen und die Farce darauf verteilen, 1 cm der Haut frei halten, um sie gut schliessen zu können. Nun satt einrollen und mit Aluminiumfolie einpacken. Die Roulade 20–25 Minuten bei 90 °C im Steamer pochieren oder im Wasserbad bei 80 °C ebenfalls 20–25 Minuten pochieren.

Mangochutney

Den Chili halbieren, von den Kernen entfernen, klein hacken und in kochendem Salzwasser kurz abbrühen. Die Mango waschen, schälen und in gleichmässige, 1 cm dicke Würfel schneiden. Die Abschnitte von der Mango mit dem Gewürztraminer weich kochen und dann mixen. Schalotten schälen, hacken und in wenig Olivenöl andünsten. Danach die Mangowürfel und den Chili beigeben und kurz mitdünsten. Die Mangopulpe, Korinthen und Mangoessig dazugeben und so lange kochen, bis die Mangowürfel noch etwas Biss haben. Das Agar Agar mit etwas weissem Portwein anrühren, beigeben und kurz aufkochen. Mit Salz und Pfeffer würzen.

Salat

Rinderfond mit Aceto Balsamico und Olivenöl zusammen mischen, mit Salz und Pfeffer würzen und damit die Wildkräuter anmachen.

Lammrücken mit Süsskartoffel-Rosenpüree und Chorizojus

Rezept für 4 Personen

Süsskartoffel-Rosenpüree

500 g Süsskartoffeln

200 g Rahm, 35 %

50 g Rosenelixier

1 EL Rosenblüten, getrocknet

250 g Frittieröl

Salz

Lammrücken

400 g Lammrücken

Knoblauch

Mehl

Olivenöl

Rosmarin- und Thymianzweige

Salz, Pfeffer

Chorizojus

50 g Chorizo

20 g Balsamico

100 g Lammjus

Salz, Pfeffer

Süsskartoffel-Rosenpüree

Die Süsskartoffeln waschen und schälen. 400 g der Süsskartoffeln in kleine Stücke schneiden, in eine Pfanne legen und mit Rahm zusammen weich kochen. Sobald sie weich sind, die Flüssigkeit abschütten. Nun das Rosenelixier hinzufügen, alles mit einem Stabmixer fein pürieren, dann die Rosenblüten dazugeben und beiseite stellen.

Die restlichen 100 g Süsskartoffeln mit einer Raffel in dünne Scheiben schneiden. In 160 °C heissem Frittieröl schön goldig frittieren, herausnehmen, auf einem Teller mit Küchenpapier abtupfen und leicht salzen.

Lammrücken

Ofen auf 80 °C Heissluft einschalten und den Knoblauch schälen. Den Lammrücken beidseitig mit Salz und Pfeffer würzen und mit Mehl leicht bestäuben. Danach etwas Olivenöl in einer Bratpfanne erwärmen und den Lammrücken kurz auf jeder Seite goldbraun anbraten. Während dem Anbraten die Kräuter und den halbierten Knoblauch für ein feines Aroma dazugeben. Aus der Pfanne nehmen und in einer Gratinform im Ofen auf der Hautseite bei 80 °C 10–12 Minuten garen.

Chorizojus

Chorizo in kleine Würfel schneiden, in eine Pfanne geben und kross (knusprig) anbraten. Dann mit Balsamico ablöschen und Lammjus beigeben. Zum Schluss mit Salz und Pfeffer abschmecken.

Das Püree auf einen Teller anrichten, den Lammrücken den Fasern entgegen in Tranchen schneiden und darauf verteilen. Die Chips dazwischenstellen und die Sauce mit anrichten.

Blumenkohl-Panna cotta mit Jakobsmuscheln und Macadamianüssen

—

Schweinshaxen in Schwarzbierjus mit Gelberbsentortilla

—

Vanilla-Mango-Cheesecake im Glas

Nils Osborn

In *Teufels Küche* von Oktober 2009 bis Januar 2011

Ich bin Koch, ein junger Wilder, ein Reisender, ein Suchender, ein vom Essen besessener, Turnschuh tragender, tätowierter, Weisswein und Gin trinkender Hundebesitzer mit einer Leidenschaft für Asien, Streetart, Filme, Musik und (Koch-)Bücher. Ich liebe meine Frau, meine Freunde und meinen Beruf. Seit ich meine Kochlehre absolviert habe, dominiert dieser Beruf mein Leben. Das Kochen ist meine Leidenschaft und ich würde mich an keinem anderen Arbeitsplatz wohlfühlen. Ich liebe die Hektik, die Hitze, die langen Tage, den Zusammenhalt und die Charaktere, die einem auf dem Weg als Koch begegnen. Das Gastgewerbe hat etwas Subkulturelles und wir Köche sind der harte Kern. Unser Beruf verbindet Handwerk und Kreativität. Ein erfolgreicher Werdegang als Koch setzt Engagement, Herzblut und Durchsetzungsvermögen voraus. Es ist ein Beruf, in dem man kreativ sein muss, organisatorisches Talent besitzen sollte und ständigem Leistungsdruck standzuhalten hat. Es ist ein Beruf, den man lieben muss oder lassen sollte. Im *Teufelhof* habe ich von 2009 bis 2011 als Chef Garde Manger gearbeitet. Ich erinnere mich sehr gerne an diese lehrreiche und intensive Zeit. Michael Baader ist ein Chef, den man nicht vergisst. Ein Mann, der wahre Werte vorlebt, jeden Tag selber am Herd steht und seinen Platz selber putzt. Michael Baader ist ein Unikat, genau wie der *Teufelhof* eines ist.

Blumenkohl-Panna cotta mit Jakobsmuscheln und Macadamianüssen

Rezept für 4 Personen

Blumenkohl-Panna cotta

100 g Blumenkohl, geputzt und ohne Stiel

½ Schalotte

1 TL Ingwer

1 EL Traubenkernöl

25 ml Gemüsebouillon

200 ml Vollrahm

4 g Gelatine

Salz, Pfeffer

Roh marinierter Blumenkohl

½ Blumenkohl

1 Stück Zitronengras

10 g Ingwer

1 Schalotte

1 Messerspitze rote Chilischote ohne Kerne

3 EL Gemüsebouillon

1 EL Mirin

1 EL Honig

2 EL Sojasauce

2 EL Macadamiaöl (alternativ Sesamöl)

Salz, Pfeffer

Geröstete Macadamianüsse

60 g Macadamianüsse

Jakobsmuscheln

4 grosse Jakobsmuscheln

Fleur de Sel

1 EL Macadamiaöl

Chiliflakes und rote und grüne Shizokresse für die Garnitur

Blumenkohl-Panna cotta

Schalotten und Ingwer schälen, in feine Würfel schneiden und im Traubenkernöl bei schwacher Hitze andünsten. Blumenkohl waschen, in kleine Segmente schneiden, zugeben und ohne Farbgebung mitdünsten. Mit der Gemüsebouillon ablöschen und köcheln lassen, bis die Flüssigkeit fast ganz verdunstet ist. Den Rahm dazugeben und Blumenkohl weichkochen lassen. Gelatine in kaltem Wasser einweichen.

Die Blumenkohlmasse mit einem Stabmixer fein mixen und durch ein feines Sieb streichen. Die warme Masse mit Salz und Pfeffer abschmecken und die Gelatine darunterrühren. Nun in eine viereckige Form von 12 x 12 cm (Tupperschüssel) abfüllen und 12 Stunden kalt stellen. Danach aus der Form nehmen, in Vierecke schneiden und bis zum Anrichten im Kühlschrank aufbewahren.

Roh marinierter Blumenkohl

Die äusserste Schicht des Zitronengrases entfernen und aus dem Mittelteil hauchdünne Scheibchen schneiden. Ingwer, Schalotte und Chili schälen und sehr fein hacken. Alles zusammen bei kleiner Hitze andünsten, mit Gemüsebouillon und Mirin ablöschen und auf die Hälfte reduzieren. Honig, Sojasauce und Macadamiaöl zugeben, gut verrühren und mit Salz und Pfeffer abschmecken. Den halben, gewaschenen Blumenkohl mit einem Küchenhobel oder auf der Aufschnittmaschine in hauchdünne Scheiben schneiden, in einer Schüssel mit der Marinade vermischen und ca. 2 Stunden stehen lassen.

Geröstete Macadamianüsse

Die Macadamianüsse grob hacken, bei kleiner Hitze in einer Teflonpfanne rösten und auf Haushaltspapier auskühlen lassen.

Jakobsmuscheln

Jakobsmuscheln mit kaltem Wasser abspülen und gut abtupfen. Dann halbieren, auf der einen Seite mit einem scharfen Messer mehrfach über Kreuz einschneiden und mit Fleur de Sel würzen. In einer heissen Teflonpfanne Macadamiaöl erhitzen und die Jakobsmuscheln ca. 1 Minute von beiden Seiten anbraten, danach direkt anrichten.

Das Panna cotta in der Mitte der Teller platzieren, den marinierten Blumenkohl aus der Marinade nehmen und abtropfen lassen. Oben auf das Panna cotta geben und die Jakobsmuscheln darauf verteilen. Mit Macadamianüssen und wenigen Chiliflakes bestreuen und mit Shizokresse garnieren.

Schweinshaxen in Schwarzbierjus mit Gelberbsentortilla

Rezept für 4 Personen

Geschmorte Schweinshaxen in Schwarzbierjus

4 Stück Schweinshaxen, geschnitten, 150 g

50 g Karotten

50 g Knollensellerie

50 g Zwiebeln

Mehl

2 EL Sonnenblumenöl

1 EL Tomatenpüree

100 ml roter Portwein

200 ml Schwarzbier (z. B. Appenzeller Schwarzer Kristall)

300 ml dunkler Kalbsfond

1 Zweig Thymian

½ Lorbeerblatt

Salz, Pfeffer

Gelberbsentortilla

200 g Gelberbsen

100 g Kartoffel

50 g Chorizo

50 g Schalotten

1 TL frischer Thymian, fein gezupft

4 Eier

150 ml Vollrahm

1 Messerspitze Safran

Salz, Pfeffer

Zweierlei glasierte Karotten

1 Karotte

1 Pfälzer Karotte

20 g Butter

1 Prise Zucker

1 EL Wasser

Salz

Kandierte Karotten

1 Karotte

1 Pfälzer Karotte

50 g Zucker

50 g Wasser

Kerbel und Tahoonkresse für die Garnitur

Geschmorte Schweinshaxen in Schwarzbierjus

Karotten und Sellerie waschen, schälen und in Würfel von 1 cm Grösse schneiden. Die Zwiebel schälen und ebenfalls in Würfel schneiden. Die Haxen mit Salz und Pfeffer würzen, in Mehl wenden und überschüssiges Mehl abklopfen. In einem Schmortopf bei starker Hitze von allen Seiten anbraten, herausnehmen und beiseite stellen. Das Gemüse im Topf anrösten, Tomatenpüree hinzugeben und unter ständigem Rühren mitrösten. Mit Portwein ablöschen und fast komplett reduzieren lassen. Dann mit Schwarzbier und Kalbsfond aufgiessen. Die Haxen hineinlegen, Thymian und Lorbeer dazugeben, einmal aufkochen und dann abgedeckt im Ofen bei 160 °C für 2 Stunden garen lassen. Die Haxen aus der Sauce nehmen, vom Knochen lösen und in Stücke zupfen. Die Sauce durch ein Sieb passieren, um die Hälfte einkochen und die Haxenstücke darin warm halten.

Gelberbsentortilla

Die Gelberbsen in Salzwasser kochen, sodass sie noch leichten Biss haben. Die Kartoffeln schälen, in Würfel schneiden und ebenfalls in Salzwasser kochen, bis sie noch leichten Biss haben. Die Chorizo und geschälte Schalotten in feine Würfel schneiden und zusammen andünsten. Gelberbsen, Kartoffeln und Thymian dazugeben, gut durchmischen, in eine gebutterte Form geben und gleichmässig verteilen. Die Eier und den Rahm in einer Schüssel gut vermischen, mit Salz und Pfeffer abschmecken und über die Gelberbsenmasse geben. Nun im Ofen für 40 Minuten bei 160 °C backen.

Zweierlei glasierte Karotten

Die Karotten waschen, schälen, in Würfel von 1 cm Grösse schneiden und in kochendem Salzwasser ca. 2 Minuten knackig blanchieren. Butter in einer Sauteuse schmelzen, Karotten zugeben, dann Zucker, Salz und Wasser hinzufügen und warm schwenken.

Kandierte Karotten

Die Karotten waschen, schälen und in 2 mm dicke und 4 cm lange Streifen schneiden. Den Zucker und das Wasser aufkochen und darin die Karotten weichkochen. Auf ein Backpapier verteilen und im Ofen bei 70 °C 6 Stunden trocknen. Die heisse Tortilla mit einem runden Ausstecher ausstechen, auf Teller verteilen, die Haxenstücke darauflegen und mit der Sauce beträufeln. Mit den Karottenwürfeln, kandierten Karotten, Kerbelblättchen und Tahoonkresse garnieren.

Vanilla-Mango-Cheesecake im Glas

Rezept für 4 Personen

Mangoragout

2 reife Mangos
35 g Rohrzucker
1 EL Wasser
2 cl brauner Rum
1 Limette

Vanilla-Espuma

50 g weisse Schokolade
130 ml Vollrahm
170 ml Milch
2 Vanilleschoten
1,5 g Gelatine
½ Zitrone (fein geriebene Schale)

Cream Cheeseglace

30 g Eigelb
110 g Zucker
340 ml Milch
70 ml Rahm
10 g Glukose
1 Prise Salz
70 g Philadelphia

Mandelstreusel

70 g weiche Butter
50 g weisse Mandeln, gemahlen
70 g Mehl
70 g Puderzucker
1 Prise Salz

Mangoragout

Die Mangos schälen und in kleine Würfel schneiden. Den Rohrzucker bei kleiner Hitze in einem Topf karamellisieren lassen. Dann mit Wasser ablöschen, die Mangos und den Rum dazugeben und bei kleiner Hitze einkochen lassen. Die Schale der Limette mit einer feinen Raffel abreiben, den Saft auspressen, beides zu den Mangos geben und abkühlen lassen.

Vanilla-Espuma

Weisse Schokolade grob hacken. Rahm, Milch und das Mark der ausgekratzten Vanilleschoten aufkochen und über die Schokoladenstücke geben. Die Gelatine in kaltem Wasser einweichen, gut ausdrücken und in die warme Rahm-Schokoladen-Mischung rühren. Die Schale von der Zitrone mit einer feinen Raffel abreiben, hinzugeben, abkühlen lassen und in einen Rahmbläser abfüllen. Mit 1–2 Gaspatronen befüllen, gut schütteln und für mindestens 2 Stunden kalt stellen. Vor dem Anrichten nochmals gut schütteln.

Cream Cheeseglace

Eigelb und Zucker in einer Schüssel verrühren. Milch, Rahm, Glukose und Salz zusammen aufkochen und unter Rühren auf das Eigelb geben. Die Mischung unter ständigem Rühren auf 84 °C erhitzen. Sofort in eine kalte Schüssel umfüllen und den Philadelphia untermischen. In einer Glacemaschine gefrieren.

Mandelstreusel

Butter, Mandeln, gesiebtes Mehl, Puderzucker und Salz in einer Küchenmaschine verrühren und danach gut durchkühlen. Auf ein mit Backpapier belegtes Blech verteilen und bei 160 °C ca. 20 Minuten backen.

Das Mangoragout in Gläser füllen, eine Kugel von der Cream Cheeseglace daraufgeben, mit dem Vanilla-Espuma auffüllen und mit den Streuseln garnieren.

Gebratene Jakobsmuscheln mit Topinambur und Randen

——

Zweierlei vom Kalb mit Karotten- und Selleriepüree

——

Martini-Minzsüppchen mit Rhabarbermousse

Nils Berg

In *Teufels Küche* seit September 2011

Moin moin! 1987 in Elmshorn im schönen Norden Deutschlands geboren, absolvierte ich meine Kochlehre in Heiligendamm unter Tillmann
Hahn. Bei ihm und Alexander Dehn arbeitete ich zwei weitere Jahre im
Der Butt in Warnemünde. Alex und Till haben mich beide sehr geprägt.
Dann ging ich für anderthalb Jahre nach England, von wo ich schliesslich
zum *Teufelhof* nach Basel kam. Dass mein Weg mich bis hierher führte,
verdanke ich meinem Vater, der mich immer unterstützt und gefördert
hat. Danke dir, Papa. Seit über zwei Jahren hat dieser «Teufel» nun meine
Seele in Beschlag genommen und gibt sie wohl auch nicht mehr her …
Meine Leidenschaft ist das Kochen. Aus frischen Produkten geschmack-
lich und kreativ das Beste herauszuholen und dem Gast ein Lächeln ins
Gesicht zu zaubern, ist für mich das Wichtigste. Ich will noch eine tolle
Zeit im *Teufelhof* erleben und wünsche diesem grossartigen Haus nur das
Beste für die Zukunft.

Gebratene Jakobsmuscheln mit Topinambur und Randen

Rezept für 4 Personen

Jakobsmuscheln

12 Jakobschmuscheln, in der Schale,
ausgelöst und geputzt (evtl. schon
ausgelöst kaufen)
Olivenöl
Salz, Pfeffer
etwas Butter

Topinamburmousse

300 g Topinambur
200 ml Rahm
6 Gelatineblätter
250 ml Rahm
Salz, Pfeffer, Essig

Randengelee

300 ml Randensaft
3 g Agar Agar

Randen

500 ml Wasser
500 ml weisser Essig
500 g Zucker
1 Lorbeerblatt
10 Wacholderbeeren
10 weisse Pfefferkörner
3 Segmente Sternanis
3 Randen

Jakobsmuscheln

Jakobsmuscheln mit kaltem Wasser abspülen, gut abtupfen und mit einem Buntschneidemesser halbieren. Dann mit wenig Salz und gegebenenfalls Pfeffer würzen und in einer Pfanne mit Olivenöl beidseitig ca. 1 Minute lang anbraten. Zum Schluss etwas Butter dazugeben. Sie sollten innen schon glasig sein.

Topinamburmousse

Topinambur waschen, schälen und in gleich grosse Würfel schneiden. In einen Topf geben, mit Rahm auffüllen und 20–30 Minuten weich kochen. Mit einem Schaumlöffel die Topinamburstücke herausnehmen, in ein Mixer geben, fein pürieren und eventuell etwas von dem übrigen Fond dazugeben, wenn das Püree zu dick sein sollte. Das Püree durch ein Sieb passieren und mit Salz, Pfeffer und Essig abschmecken. Gelatine in Wasser auflösen, unter das heisse Püree rühren und kalt stellen. Wenn das Püree kalt ist, den geschlagenen Rahm darunterheben, dann in eine beliebige Form geben und gut durchkühlen.

Randengelee

Randensaft in einem Topf aufkochen, Agar Agar einrühren und 1 Minute köcheln lassen. Dann auf ein mit Klarsichtfolie ausgelegtes Blech giessen und kühl stellen. Wenn es kalt ist, das Gelee ausstechen oder in eine beliebige Form schneiden.

Randen

Wasser und Essig in einen Topf giessen. Zucker, Lorbeer, Wacholder, Pfeffer und die Segmente des Sternanis hinzufügen. Randen waschen, beifügen und aufkochen. Die Randen so lange kochen, bis sie weich sind. Danach die Randen schälen und in eine beliebige Form schneiden.

Zweierlei vom Kalb mit Karotten- und Selleriepüree

Rezept für 4 Personen

Zweierlei Kalb

600 g Kalbsbäckchen

320 g Kalbsfilet, pariert

2 Zwiebeln

4 Karotten

100 g Lauch

100 g Sellerieknolle

1 EL Tomatenmark

1 l Rotwein

1 Lorbeerblatt

3 Wacholderbeeren

3 Pimentkörner

Weizenstärke

Olivenöl

Salz, Pfeffer aus der Mühle

Karottenpüree

5 Karotten (ca. 400 g)

200 ml Rahm

50 g Butter

50 ml Orangensaft

Salz, Pfeffer

Selleriepüree

400 g Sellerieknolle

200 ml Rahm

50 g Butter

Salz, Pfeffer

Zweierlei Kalb

Kalbsbäckchen parieren, mit Salz und Pfeffer würzen und in einer heissen Pfanne beidseitig anbraten. Die Bäckchen aus der Pfanne nehmen und in einen Bräter (Kasserolle) legen. Zwiebeln schälen und grob schneiden. Karotten, Lauch und Sellerie waschen, schälen und grob schneiden. Das Gemüse nun in der gleichen Pfanne anbraten. Tomatenmark dazugeben, gut umrühren und mit Rotwein ablöschen. Danach das Gemüse zu den Bäckchen in den Bräter geben und mit dem restlichen Rotwein das Ganze bedecken. Lorbeer, Wacholder und Piment dazugeben und für ca. 2 Stunden bei 160 °C im Ofen zugedeckt schmoren. Danach das Fleisch herausnehmen und die Sauce durch ein Sieb passieren. Die Sauce nun bis zur Hälfte in einem Topf reduzieren und dann mit Weizenstärke abbinden.

Das Kalbsfilet in vier Medaillons schneiden, leicht plattieren, mit Salz und Pfeffer würzen und beidseitig in Olivenöl anbraten. Dann bei 160 °C 8–10 Minuten im Ofen garen und danach 3 Minuten an einem warmen Ort ruhen lassen.

Karottenpüree

Karotten waschen, schälen und in kleine, gleich grosse Würfel schneiden. In einen Topf mit Rahm und Orangensaft geben, weich kochen und mit Salz und Pfeffer würzen. Dann mit einem Mixer pürieren, Butter unterheben und nochmals abschmecken.

Selleriepüree

Sellerie waschen, schälen und in kleine, gleich grosse Würfel schneiden. In einen Topf mit Rahm geben, weich kochen und mit Salz und Pfeffer würzen. Dann mit einem Mixer pürieren, Butter unterheben und nochmals abschmecken.

Martini-Minzsüppchen mit Rhabarbermousse

Rezept für 4 Personen

Rhabarbermousse

500 g Rhabarber

200 ml weisser Portwein

100 g Zucker

5 Gelatineblätter

250 ml Rahm

Martini-Minzsüppchen

2 dl Martini bianco

1 Bund Minze

Weisses Schokoladenparfait

115 ml Rahm

150 g weisse Kuvertüre

25 g Butter

2 Eigelb

2 cl Grand Marnier

230 ml Rahm

Rhabarbermousse

Rhabarber waschen, schälen und klein schneiden. Mit Portwein und Zucker in einem Topf aufsetzen, 15–20 Minuten weich kochen und vorsichtig 100 ml Rhabarberfond für das Süppchen abschöpfen. Danach mit einem Mixer pürieren und durch ein Sieb passieren. Gelatine in Wasser auflösen, unter das heisse Püree mischen und kalt werden lassen. Wenn das Püree abgekühlt ist, den geschlagenen Rahm unterheben, in eine beliebige Form oder Spritzsack abfüllen und kühlstellen.

Martini-Minzsüppchen

Minze waschen und in Martini 3–4 Tage einlegen. Dann die 100 ml Rhabarberfond dazugeben und durch ein Sieb passieren.

Weisses Schokoladenparfait

Den Rahm aufkochen, vom Herd nehmen, die grob gehackte Kuvertüre und die Butter dazugeben und schmelzen lassen. Parallel dazu Eigelb mit dem Grand Marnier mittels Schneebesen in einer Schüssel über dem Wasserbad schaumig aufschlagen und danach wieder kalt schlagen. Die Kuvertüremasse gut durchrühren und auf die Eimasse geben. Danach kalt rühren und den steif geschlagenen Rahm unterheben. In eine Form füllen und je nach Grösse der Form 3–4 Stunden einfrieren. Tipp: Das Parfait kann man gut einige Tage vorher zubereiten.

Kürbissuppe mit Jakobsmuscheln und Vanille

Sil Snapper mit Sesamsauce und Pistazien-Jasminreis-Creme

Gebackenes Kalbsbries auf Lauchgemüse mit Mandelespuma

Fabian Borer

In *Teufels Küche* seit April 2012

Seit 2003 bin ich gelernter Koch, jedoch habe ich seitdem einige Umwege und auch Sackgassen eingeschlagen. Schliesslich musste ich immer wieder feststellen, dass es nur einen Beruf für mich gibt: das Kochen. Der *Teufelhof* war der Ort, an dem mir dies endgültig klar wurde. Vielleicht habe ich eine masochistische Ader in mir, denn warum sonst sollte ich tagtäglich, nachdem der letzte Teller angerichtet ist, mit verbrannten Händen und Armen, verschnittenen Fingern und schmerzenden Füssen ein Gefühl von einem gelungenen Tag haben? Ich glaube, es gibt wenige Tätigkeiten, die so persönlich und intim sind wie das Kochen – und das gefällt mir. Ich kreiere etwas mit meinen Händen, oft einfach aus dem Bauch heraus und eine andere Person erfreut sich daran. Die prägendste Person in der Küche ist für mich wohl Michael Baader. Einen Chef mit solch einer Leidenschaft zu seinem Beruf vor sich zu haben, ist die grösste Motivation für die Zukunft.

Kürbissuppe mit Jakobsmuscheln und Vanille

Rezept für 4 Personen

Suppe

200 g Muskatkürbis

200 g Hokkaido

200 g Butternusskürbis

60 g Schalotten

100 ml Weisswein

750 ml Geflügelbouillon

150 g Rahm

1 EL Curry, mild

1 Knoblauchzehe

1 Scheibe Ingwerwurzel, geschält

1 Splitter einer Zimtrinde

½ ausgekratzte Vanilleschote

40 g kalte Butter

Weissweinessig

Salz, Pfeffer

Jakobsmuscheln

4 Jakobsmuscheln, ausgelöst

1 TL Olivenöl

1 TL Butter

Vanillesalz, weisser Pfeffer aus der Mühle

Suppe

Den Kürbis schälen bis auf den Hokkaido, da dieser die Farbe gibt. Die Kernen entfernen und in 1 cm grosse Würfel schneiden. Schalotten schälen, in feine Würfel schneiden und in Butter andünsten. Die Kürbiswürfel beifügen und ohne Farbe zu geben mitdünsten. Mit Weisswein ablöschen, mit Gemüsebouillon auffüllen und ca. 30 Minuten knapp unter dem Siedepunkt weich garen. Den Rahm mit dem Curry hinzufügen, aufkochen und mit einem Stabmixer pürieren. Wer es ganz fein mag, kann die Suppe danach durch ein feines Sieb passieren.

Den Knoblauch schälen, halbieren und zusammen mit dem Ingwer, Zimt und der Vanilleschote in die heisse Suppe einlegen, einige Minuten darin ziehen lassen und anschliessend wieder entfernen. Die Butter hineinmixen und mit Salz, Pfeffer und Curry abschmecken. Ein Schuss Weissweinessig verleiht der Suppe ein wenig Frische und Säure.

Jakobsmuscheln

Die Jakobsmuscheln kurz mit Wasser abspülen und dann mit Küchenpapier trocken tupfen. Eine Pfanne bei mittlerer Temperatur erhitzen, etwas Öl hineinträufeln, die Jakobsmuscheln auf jeder Seite ca. 1 Minute braten, die Pfanne vom Herd nehmen und in der Nachhitze noch etwa 1 Minute nachziehen lassen. Die Butter dazugeben, mit Vanillesalz und Pfeffer würzen und auf Küchenpapier abtropfen.

Tipp: Damit die Jakobsmuscheln gleichmässig braten können, ist es sehr wichtig, dass sie vorher auf Küchenpapier trocken getupft und dann in eine heisse Pfanne gelegt werden. Wir bevorzugen dabei beschichtete Pfannen mit einem dicken Boden, denn so können die Muscheln in der Nachhitze der Pfanne sanft durchziehen. Zum Braten wird das Öl nur tropfenweise verwendet, die Pfanne sollte nur benetzt sein.

Sil Snapper mit Sesamsauce und Pistazien-Jasminreis-Creme

Rezept für 4 Personen

Kokos-Mango-Chutney

1 Mango
1 Chili
200 ml Kokosmilch
1 g Pektin (Bindemittel)
½ TL Zucker
Reisessig
Salz, Pfeffer

Sil Snapper

600 g Sil-Snapper-Filet, geschuppt
50 g Mehl
50 g Butterfett
10 g Butter
Salz, Pfeffer

Sesamsauce

1 kleine Schalotte
½ Stange Zitronengras
1 Kaffirblatt
4 cl Sesamöl
100 ml Weisswein
1 EL schwarzer Sesam
1 EL weisser Sesam
50 ml Fischfond
1 EL Weizen- oder Kartoffelstärke
Noilly Prat, weisser Portwein
Salz, Pfeffer
200 g Shitake-Pilze

Pistazien-Jasminreis-Creme

100 g Jasminreis
70 g Pistazien
100 ml Kokosmilch
Salz, Pfeffer, Reisessig

Kokos-Mango-Chutney

Die Mango waschen, schälen und in 2 gleich grosse Stücke schneiden. Die eine Hälfte als Garnitur verwenden und die andere in feine Würfel von 3 mm schneiden. Chili schälen, Kerne entfernen und in feine Würfel schneiden. Dann kurz in Salzwasser abbrühen, damit es nicht zu scharf wird. Kokosmilch auf die Hälfte in einem Topf einkochen. Pektin mit Zucker vermischen, dann einrühren und mit einem Stabmixer aufmixen. Mango und Chiliwürfel beifügen und mit Reisessig, Salz und Pfeffer abschmecken. Am besten heiss in ein Einmachglas abfüllen und für einen Tag kalt stellen.

Sil Snapper

Fischfilet sauber zuschneiden, entgräten, trocken tupfen und in 4 gleichschwere Stücke schneiden. Mit Salz und Pfeffer würzen und leicht im Mehl wenden. Auf der Hautseite in Butterfett ca. 3 Minuten anbraten und leicht mit einer Palette andrücken, damit die Haut gleichmässig flach liegenbleibt und schön kross wird. Ein kleines Stück Butter in die Pfanne geben, das Filet wenden und ca. 2 Minuten ziehen lassen.

Sesamsauce

Schalotte schälen und in feine Würfel schneiden. Zitronengras und Kaffirblatt waschen und in feine Würfel schneiden. Alles zusammen in 1 cl Sesamöl andünsten, mit Weisswein ablöschen und um die Hälfte reduzieren. In der Zwischenzeit den schwarzen und weissen Sesam ohne Fett im Ofen bei 180 °C für 4–5 Minuten rösten.
Wenn der Saucenansatz reduziert ist, mit Fischfond auffüllen und mit Stärkemehl nach Belieben abbinden. Mit Noilly Prat, weissem Portwein, Salz

und Pfeffer abschmecken und den Sesam kurz vor dem Anrichten beigeben. Shitake-Pilze rüsten und in dem restlichen Sesamöl anbraten, mit Salz und Pfeffer würzen und durch die fertige Sauce ziehen, damit sie glänzen und den Geschmack der Sauce annehmen.

Pistazien-Jasminreis-Creme
Jasminreis in viel Wasser weich kochen und dann mit reichlich kaltem Wasser auswaschen. Pistazien im Cutter fein mixen, Reis und Kokosmilch beifügen und erneut mixen. Zum Schluss mit Salz, Pfeffer und Reisessig abschmecken und kurz vor dem Anrichten erwärmen.

Gebackenes Kalbsbries auf Lauchgemüse mit Mandelespuma

Rezept für 4 Personen

Kalbsbries

500 g Kalbsbries

1 kleines Stück Knollensellerie

1 Stange Lauch (nur der weisse Teil)

1 Karotte

2 l Wasser

1 EL schwarze Pfefferkörner

1 Lorbeerblatt

schwarzer Pfeffer, frisch gemahlen

Salz aus der Mühle

Panade:

2 Eier

1 EL Rahm

Weizenmehl

Semmelbrösel aus 3 Brötchen (oder als Alternative Panko-Mehl)

Butterfett

Salz, Pfeffer

Lauchgemüse

Schalotten, Knoblauch

3 grosse Stangen Lauch

60 g Butter

Weisswein

Salz, Pfeffer, Muskat

Mandelschaum

100 g Mandelblättchen

400 ml Vollrahm

2 Gelatineblätter

2 El Mandelsirup

weisser Portwein

Salz, Pfeffer

Kalbsbries

Das Bries von allen unansehnlichen Teilen befreien. Danach in reichlich kaltem Wasser für ca. 1–2 Tage wässern. Das Wasser etwa drei Mal pro Tag wechseln. Das Bries nochmals gut waschen und sämtliche Haut- sowie Fettstücke sowie die feinen Adern und die blutunterlaufenen Stellen entfernen. Sellerie und Karotte schälen und mit dem gewaschenen Lauch grob schneiden. Dann Wasser mit Salz, Pfefferkörnern, Lorbeerblatt und dem grob geschnittenen Wurzelgemüse aufkochen lassen. Das Bries in der Bouillon aufkochen, den Topf vom Herd nehmen und ca. 15 Minuten ziehen lassen. Kalbsbries im Sud ganz auskühlen lassen.

Die Eier in einen Teller schlagen und gut miteinander verquirlen. Den geschlagenen Rahm locker unterziehen und leicht mit Salz und Pfeffer abschmecken. Mehl und Semmelbrösel auf zwei weitere Teller verteilen. Das Bries erneut waschen, trockentupfen, in ca. 10 mm dicke Scheiben schneiden und mit Salz und Pfeffer würzen. Dann das Butterfett oder Öl in einer Pfanne erhitzen. Das Bries zuerst melieren, dann durch das Ei ziehen und zuletzt in den Semmelbröseln panieren. Nun das panierte Bries im Fett goldgelb ausbacken, dann aus der Pfanne nehmen und auf Küchenpapier gut abtropfen lassen.

Lauchgemüse

Schalotten und Knoblauch schälen und fein würfeln. Lauch der Länge nach halbieren, den dunkelgrünen Teil entfernen und den Rest unter fliessendem Wasser waschen. Danach in die gewünschte Form schneiden. Nun Butter in einer Pfanne erhitzen und Schalotten, Knoblauch und Lauch darin dünsten. Mit Salz, Pfeffer, Muskat und Weisswein abschmecken.

Mandelschaum

Mandeln in einer geeigneten Pfanne im Backofen bei 170 °C 8–10 Minuten hellbraun rösten. Rahm aufkochen, die Mandeln dazugeben und 4 Stunden ziehen lassen. Anschliessend den Mandelrahm in einem Mixer fein pürieren und in einem sehr feinen Sieb gut abtropfen lassen (ergibt ca. 400 ml Flüssigkeit). Mit weissem Portwein, Salz und Pfeffer abschmecken. Gelatine in

kaltem Wasser einweichen, 100 ml Mandelrahm abnehmen und leicht erwärmen. Gelatine ausdrücken und darin auflösen. Zügig mit dem restlichen
Mandelrahm verrühren, in einen Rahmbläser abfüllen und mit zwei Gaspatronen befüllen. Rahmbläser auf dem Kopf für 2 Stunden kalt stellen. Vor
dem Gebrauch gut schütteln. Falls kein Rahmbläser vorhanden ist, in einem
Topf mit einem Mixer aufschäumen.

Chronik des *Teufelhofs*: Was bisher geschah

11.–13. Jahrhundert	Bau der Stadtmauern; die Wehrmauern sind heute unter dem *Teufelhof* frei zugänglich.
um 1500/1600	Stift St. Leonhard am Leonhardsgraben (Anfänge ab 1200/1300)
um 1850	Bau des grossen «Truchsesser-Hofs» am Leonhardsgraben 47
ca. 1936	Dr. Peter-Hans Hosch kauft den «Truchsesser-Hof» von der Familie Adam
1967	Bau des fahrbaren *Schiefen Theaters* durch Dominique Thommy und Albert le Vice; Monica Kneschaurek stösst dazu.
1968–1974	Tournee des *Schiefen Theaters* durch ganz Europa
1974	Die Thommys eröffnen das Theater/Café *Zum Teufel* am Andreasplatz; Cafébetrieb und Kleintheater
ab 1980/81	Idee des erweiterten Projekts zum Theater/Café *Zum Teufel*
1981	Fredy Heller stösst als Programmgestalter im Theater/Café *Zum Teufel* zu den Thommys.
ab 1981	Die Idee des Projekts *Teufelhof* konkretisiert sich; die Thommys kaufen das Gebäude.
bis 1988	Einsprachen gegen das Projekt; Dr. Alex Fischer vertritt als Jurist die Thommys.
1988	Der Koch Michael Baader stösst zum Projekt.
1988	Zwei Bundesgerichtsentscheide zugunsten der Thommys; in der Folge und nach 2361-tägiger Bewilligungsabklärung Umbau des «Truchsesser-Hofs» zum *Teufelhof* (Architekt: Hans Pösinger)

28. April 1989	Eröffnung des *Teufelhofs* mit acht Hotelzimmern, zwei Restaurants, einem Café/einer Bar und zwei Theaterräumen; Uraufführung von «Abendfrieden spezial» des Kabarettisten Joachim Rittmeyer
1990	Vernissage der erstmalig gestalteten Kunstzimmer im *Kunsthotel*
1991	Eröffnung des Wein- und Spezialitätenladens am Heuberg 26
Oktober 1991	Erste Nummer der Hauszeitung DAS BLATT
1993	Die Thommys erhalten den Design-Preis-Schweiz für den Bereich Unternehmen.
1993	Der Gastronomieführer «Michelin» verleiht der *Teufelhof*-Küche einen Stern.
1993	Die Zeitschrift BILANZ stellt ein «Wirtschafts-Dreamteam» zusammen, mit Monica Thommy als Personalchefin.
1995	Die Thommys kaufen das Nebengebäude zum *Teufelhof* (ehemals Jugendanwaltschaft) im Baurecht von der Stadt Basel.
1996	Nach 9-monatiger Umbauzeit (Architekt: Hans Pösinger) Eröffnung des *Galeriehotels* mit 21 Zimmern
1997	Verlegung und Neueröffnung des Ladens *falstaff* im Keller des *Galeriehotels*
2000	Die Zeitschrift BILANZ setzt im Ranking «Drei-Sterne-Hotels» der Schweiz das Hotel *Teufelhof* auf Platz 1.
2000	SATIRE-OPEN zum 25-Jahr-Theaterjubiläum
2001	Theaterleiter Fredy Heller erhält den Basler Kulturpreis.
2001	Die Thommys erhalten für ihr «Lebenswerk *Teufelhof*» den «Milestone 2001», den Schweizer Tourismus-Award.

2004	Dominique Thommy übernimmt die Leitung des Theaters.
2009	Die Thommys übergeben den *Teufelhof* an Nathalie Reinhardt und Raphael Wyniger.
28. April 2009	20-jähriges Bestehen des *Teufelhofs*; Herausgabe des Erinnerungsbuches «Der Teufelhof Basel» im Friedrich Reinhardt Verlag, realisiert von Jürg Seiberth und Fredy Heller
2009	Eröffnung des neuen Seminar- und Bankettraumes *Shine & Dine*
2010	Umbau der alten Weinstube zum Restaurant *Atelier*
2011	Der *Teufelhof* wird in einer Umfrage der «Basler Zeitung» zum freundlichsten Geschäft Basels gewählt.
2012	Katharina Martens und Roland Suter übernehmen die Leitung des Theaters.
2012	Renovierung und Neukonzeption der Bar
2012	Sanfte Renovation des Restaurants *Bel Etage*
2012	Sanfter Umbau des Theaters
2013	Rekordjahr des *Teufelhofs*
28. April 2014	25-Jahr-Jubiläum des *Teufelhofs*, Veröffentlichung des Kochbuchs «Aus Teufels Küche»

Die 1. Küchenbrigade des *Teufelhofs* 1989, dritter von links: der Küchenchef Michael Baader.   Foto: Claude Giger

Die Küchenbrigade des *Teufelhofs* am 28. März 2014.

Dank

Die Idee eines Kochbuchs war schon lange in mir. Anlässlich des
25-Jahr-Jubiläums habe ich sie dann langsam im *Teufelhof* in Umlauf
gebracht, diese Idee, und sie fand nach kurzem Zögern grossen Anklang.
Eine Idee aber ist schnell geboren. Bis sie umgesetzt ist, braucht es vor
allem viele Menschen. Dieses Buch wäre nie entstanden ohne die fleissigen
Hände von ganz vielen. Gerne danke ich diesen von Herzen, sie haben
Grossartiges geleistet. Ich bedanke mich für die vielen Stunden, die gearbeitet worden sind, für den unglaublich grossen Einsatz und für all die Ide-
en und Impulse, welche alle Beteiligten für dieses Buch eingebracht haben.
Namentlich bedanke ich mich natürlich vor allem bei unserem Küchenchef
Michael Baader und unserem zweiten Küchenchef Aschi Zahnd für all die
Stunden, die sie in dieses Buch investiert haben und selbstverständlich
auch für ihre Kochkünste. Das Projekt «Kochbuch» wurde von Aline Stölzer
mit viel Einsatz und noch mehr Geduld und Beharrlichkeit höchst pro-
fessionell geleitet. Sie hat Grossartiges geleistet. Fabio Gemperli hat sich in
stundenlanger Arbeit der Reinschrift der Rezepte gewidmet und sie mass-
geblich geprägt. Das aktuelle Küchenteam, mit Peter Pöpl, Nils Berg,
Simon Voss, Fabian Borer, Felix Hüfner, Florian Huser, Manuela Loosli,
Lea Borrusch, Norma Leuenberger, Medeo Boussada, Jascha Freiburghaus,
Sandro Tripolo, Nico Sammarchi, Michael Asmare, Nigus Alemayehu,
Habtom Tekle und Lorenza Imbrogiano hat durch seine Mithilfe wirklich
viel zum Gelingen des Buchs beigetragen. Vielen herzlichen Dank an alle.
Natürlich sei an dieser Stelle auch den im Buch vertretenen Gastköchen
gedankt. Markus Brose, Klaus Dietz, Sven Feldmann, Laurent Grenouillet,
Peter Gruber, Christoph Hartmann, Simone Haselier, Oliver Jauch,
Dominik Köndgen, Jürgen Krohz, Frank Oehler, Nils Osborn, Maria
Probst, Claudia Scharff, Jens Scheller, Jochen-Peter Siering, Christian
Vogler, Barbara Weissenberger, Frank Weissenberger, Philipp Wiegand und
Siegfried Wölfle haben uns – wie schon zu ihren «Teufelszeiten» – mit ih-
rem Schaffen inspiriert. Selbstverständlich danke ich auch dem Reinhardt
Verlag, vor allem meinem guten Bekannten Alfred Rüdisühli, welcher
mich seit jeher unterstützt und die Idee eines Kochbuchs aufgenommen
hat. Natürlich danke ich auch Denise Erb, welche viel Geduld mit uns ha-

ben musste, und Nicolas Zufferey für das Layout und den Support. Auch die Bilder sind schön gelungen und dafür bedanke ich mich bei Marcel König und seiner Partnerin Andrea Strassmann. Gerne bedanke ich mich auch bei Nathalie Reinhardt, welche all meine Ideen und Projekte mitträgt, mir den Rücken frei hält, diese zu realisieren und sich darüberhinaus einfach toll um unsere Töchter Anna und Lisa kümmert. Sie ist grossartig.

Zu guter Letzt bedanke ich mich noch bei unseren Kunden, die uns täglich besuchen, treu sind und uns immer ein toller Partner waren. Ohne sie wäre der *Teufelhof* gar nicht möglich. Sie sind die Basis eines jeden Projekts. Danke für die Treue. Ich freue mich nun auf weitere Begegnungen mit Ihnen und wünsche viel Freude mit dem Kochbuch.

Raphael Wyniger

Aus einer Idee heraus ein handfestes Produkt zu machen – in diesem Fall ein Buch – braucht mehr als nur Zeit und Engagement. Es braucht vor allem viele Menschen, die hinter der Idee stehen und mithelfen. Danke allen Mithelfern. Danke fürs Kochen, Fotografieren, Bearbeiten, Probieren, Schreiben, Bügeln, Polieren, Waschen und Lesen.

Ich danke von Herzen für das Privileg, die wunderbaren Menschen kennengelernt und das mit Leidenschaft gekochte Essen probiert zu haben. Danke dir, Raphael, für das Vertrauen. Michael, ohne dich wäre all dies niemals entstanden, ich danke dir und deinem ganzen Team für die Grossartigkeit.

Aline Stölzer

Über Raphael Wyniger

Raphael Wyniger, im Sommer 1975 geboren, ist heute Inhaber des Gast-
und Kulturhauses *Der Teufelhof Basel*, welches er mit Leidenschaft und
Qualitätsbewusstsein vorantreibt und zum Erfolg geführt hat. Sein Hun-
ger, Kultur und Gastronomie zu gestalten und neu zu definieren, wird
aber wohl nie ganz gestillt werden und so plant er fleissig weiter schöne
Projekte, welche er mit Freude umsetzt.

Sein Weg zur Gastronomie und Hotellerie führte ihn nach dem Abschluss
der Hotelfachschule in Luzern zunächst zu Basel Tourismus, wo er zuletzt
als Vizedirektor arbeitete. Dabei begleitete er unter anderem das Projekt
der UEFA Euro 2008 für die Host City Basel. Zudem absolvierte er das
Masterprogramm «Marketing und Betriebswirtschaft» an der Universität
Basel. Er ist zweifacher Vater und leidenschaftlicher Marathonläufer.
Weiter liebt er feine Weine, leidet etwas an Fernweh und liest viel.

DER TEUFELHOF BASEL

Das Gast- und Kulturhaus

Leonhardsgraben 49, CH-4051 Basel
T +41 (0)61 261 10 10, F +41 (0)61 261 10 04
info@teufelhof.com, www.teufelhof.com